タブーに挑む！　テレビで話せなかった激ヤバ情報暴露します◎目次

◎プロローグ
ここでしか言えない「ヤバすぎる話」

「韓国に渡った内閣府職員」の死の真相　11
靖国参拝で韓国を怒らせたのは安倍首相のもくろみ通り　13
尖閣問題も実はアメリカが仕掛けている　16
「韓国に関わると不吉な目に遭う」という呪いがある　18
韓国人兵士がベトナム戦争で行った残虐行為が問題になっている　21
外食チェーンGの社長は北朝鮮のヒットマンに殺された？　24

第1章
日・中・韓とアメリカの「ヤバい話」

サンカ筋がアメリカのブレーンとなり、日本に霊的攻撃を仕掛けている　28
再び日本を大災害が襲うとき、ケネディ大使が「救世主」を演じる　31

白人は有色人種を同じ人間とは見なしていない　33
イラクのフセインとリビアのカダフィが殺された本当の理由　36
日本人が作った「正義の国・北朝鮮」　38
旧日本軍はアメリカへの復讐の日のためアジア各地に「草」を残した　43
北朝鮮と日本が手を結んだとき、韓国が捏造してきた嘘の歴史が覆される　45
南朝の裏天皇の側近の人からフェイスブックでメッセージを受けた　46
裏天皇家「八咫烏」のトップシークレット　50
明治天皇はやはりすり替えられた　54
現在の皇太子が「ラストエンペラー」となり皇室は京都へ移る　57
サンカ衆の推す南朝系の天皇を戦後、天皇に即位させる密約があった　59
皇居に江戸城が再建され幕藩体制が復活する！　62
東京オリンピックまでに江戸城が再建される！　64
東日本大震災によって古代神「艮の金神」の封印は解かれた　68
アメリカは戦後日本を在日朝鮮人に支配させた　72
200歳超のアイヌのおばあさんが米軍アラスカ基地で祈祷を行っている　74
北海道には本物のラストエンペラーもいる！　75

バード少将が撮影した地底世界の写真を公開！ 79
アメリカには電源ケーブルから入ってきてPCの情報を盗む技術がある 83
歌舞伎と相撲の不祥事により日本の霊的結界が破壊された 85
２０１３年の式年遷宮は日月神示の予言成就の合図だった 89
日本と韓国の対立は７世紀の白村江の戦いにまでさかのぼるほど根深い 93

第2章 3・11と原発事故の闇を暴く

「と学会」は「勝った戦」しか発表しない 102
流通大手某社の倉庫には分解された状態の核兵器が保管されているという説が 104
東電役員が耽溺《たんでき》する悪魔崇拝儀式の跡が発見された！ 108
「東日本大震災＝原爆による人工地震」説はありえない！ 111
ＨＡＡＲＰと人工衛星からのプラズマ弾を使えば地震を起こせる！ 114
香取神宮と鹿島神宮が東京の津波被害を食い止めた 117
在日米軍は３・11の10日前から津波に備えていた 120
芸能界・出版界の連絡網に走った「避難勧告」 123

ＰＭ２・５問題と風疹流行が、放射能被害を隠すために使われる　126
「未来から来た予言者」が、３・11の前に
「海の食べ物は食べられなくなる」と言っていた！　128
オスプレイは日本と日本人を助けてはくれない　130

第3章　オカルト業界の「ヤバい話」

墜落したＪＡＬ１２３便を狙う自衛隊の飛行体を見たという証言が　136
墜落の真の原因は自衛艦のミサイル誤射だった？　138
「宇宙人解剖ビデオ」の正体は米軍の人体実験記録だった　141
特定秘密保護法と国民総背番号制で、日本国民は徹底管理される　143
わずか１秒で人格を変える装置がすでに開発されている　145
エシュロンの傍受網から逃れるためのメール術　148
オウム事件に対してメディアはどれぐらい責任を取るべきか　150
オウム真理教のサティアンの中は飛鳥本だらけだった！　154
かつて麻原は「おもしろい宗教家のおっちゃん」としてＴＶの人気者だった　156

さる皇族の方の引っ越しを手伝った 159
パナウェーブ研究所の騒動の一件は飛鳥昭雄に責任がある 161
検察にはめられた「夢大陸」の女社長 164
植草一秀教授の事件は100パーセント冤罪だ 167
『ムー』には何を書いても許される理由 170
『ワンダーライフ』が廃刊になった真の理由 172
飛鳥昭雄はいろんな「ヤバい」ところに一枚かんでいる 175
地方のTV局では「殿様」に気をつかった番組制作をしている 177
「東日本大震災の被害者の幽霊」の話は不謹慎なのか？ 179

第4章 幽霊・妖怪・UMA・UFOの正体を暴露する！

飛鳥昭雄は子どものころ幽霊を頻繁に目撃していた 184
プラズマ生命体「クリッター」に襲われた！ 186
雪女から精を吸い取られそうになった体験 189
亡くなった船井幸雄さんの思い出 192

宜保愛子さんは呪詛で亡くなった？　195
インチキ「中二病」霊能者はこいつらだ！　198
「イエティ」の正体は古代のホッキョクグマの生き残り　201
広島の山中で発見されたゴリラが「ヒバゴン」の正体か　203
UMA「ニンゲン」の正体は双頭の奇形クジラか　205
ビートたけしの「UFOがいるね」発言で番組終了の危機に？　209
「UFO艦隊」の正体は結婚式のバルーンリリース　211
「フライングホース」の正体は有名自動車会社の宣伝バルーン　215
アメリカの都市伝説が次の瞬間には日本で流行っている　218

第5章　大暴露！　オカルト業界の「ヤバい裏話」

TVではカットされる「ヤバい話」　224
「月の石」で大槻教授をギブアップさせた　226
飛鳥昭雄は賛成派も反対派も両方ぶっ潰す　228
山口敏太郎の「強制退場」をビートたけしが止めた　230

高野秀行氏の「ムベンベに賭けた青春の思い出」を飛鳥昭雄が2秒で撃沈　232
有名オカルト雑誌に弓を引いた山口敏太郎はどうなったか？　233
出版大手二社が「あすかあきお」のコンテンツを奪い合う！　237
『不思議大陸アトランティア』が2号で休刊した理由　239
山口敏太郎掃討の動きの黒幕は飛鳥昭雄だった!?　242
前田日明のスタイルをオカルトジャーナリズムに持ち込め　244
反オカルト教授は米軍のプラズマ兵器開発に関与しているのか？　246
編集長からのメールを無断で全文公開　249
「飛鳥クン、僕はエリア51に入れる資格を持っているんだ」　251
「火の玉博士」のころの大槻教授はよかった　253
「雲を消す行者」をつい認めてしまった　255
オカルト否定派のMは論理的思考ができない　257
韮澤さんのキャラは地そのまま、だからある意味で最強　259
ジュセリーノのブームはもっと延命させることもできた？　261
日本ではフリーメーソンまで官僚的　264

古い世代はオカルトを雑誌で楽しむ、
若者はライトな情報をネットで吸い上げる　268
オカルト情報メディアはマンネリ化している　272
「MMRマガジンミステリー調査班」の原作の仕事を蹴った理由　275
この業界の活性化のため、超大物を抱き込んで新しいオカルト雑誌を！　278
この業界で生き抜くにはネットを中心としたメディアミックスが必要　280
狙うはオカルト業界と妖怪業界の天下布武だ！　282

◎エピローグ
これから日本を待ち受ける「ヤバい未来」

日本は「ジャパニメーション」で他国からの侵略を未然に防げる　285
TPPを逆手にとり、日本独自のもので勝負せよ　287
フリーズドライ食品の備蓄が最大の投機となる　289
もうすぐ日本で数千万規模の餓死者が出る　292
太平洋戦争は「真の勝利の日」のために負けた　294

編集協力　杜聡一郎
カバー（帯）・本文写真撮影　長坂芳樹
撮影協力　山口敏太郎の妖怪博物館

プロローグ
ここでしか言えない「ヤバすぎる話」

「韓国に渡った内閣府職員」の死の真相

山口敏太郎　韓国に渡った内閣府職員の男性が、北九州市の響灘《ひびきなだ》の沖でゴムボート内に遺体で発見されたという事件がありましたね。僕が元公安のK・Kさん（対談時実名、以下も）に聞いたときは事故死とおっしゃってたんですが、現役警察官で上九一色村の捜査にも参加した友人の某くんに聞いた話では、やはり、殺されたのは韓国国内だろうということなんです。殺されて、死体はフェリーの荷物に紛れ込ませて日本に持ち込み、犯人グループが彼のカードで買った韓国製のボートを浮かべてそこに載せた。
500メートル沖合に浮かんでいたというでしょう？　ウチのカミサンはあそこの出身なんですが、あのあたりは夜には人気《ひとけ》がないんです。それで、発見時にはボートに人がいたけれど、巡視艇が近づいたら荒波で沈んだといいますよね。ということは、韓国から日本に渡ってこられるわけがない。途中で沈むはずですから。

ただ、韓国の犯行ではない気もします。飛鳥先生はどう思います？

飛鳥昭雄　まず、**ＩＭＦ（国際通貨基金）のアジア太平洋局のトップがこの（2014年）2月から韓国人の李昌鏞《イチャンヨン》になったということが重要なんです。**それで、自民党は大慌てで消費税を一気に8パーセントにした。

どういうことかというと、韓国はサムスンの損失が深刻で資本の海外流出が止まらない。おまけにアベノミクスでウォン高になって輸出に大きなダメージが出ている。ところが、これは韓国だけの問題じゃない。ご存知の通り、韓国の銀行や企業のバックにはアメリカのシティバンクがいるから、韓国経済が崩壊するとアメリカが困ってしまう。

そこで、**アメリカが画策しているのが、日本の消費税のアップ分をそのまま韓国への経済支援に使うということなんだ。**このままいくとそうなる。

韓国をまた助ける。これまで日本は同じことを何度もやっているんです。

山口　97年のアジア通貨危機のときと同じことになりそうですね。

飛鳥　だから、今の朴槿惠《パククネ》大統領が「第二の漢江《ハンガン》の奇跡を起こそう」と言っているのは、「もう一度、日本から莫大な援助金をふんだくろう」ということなんです。いやー、韓国はずる賢く狡猾《こうかつ》だ。ふんだくられる側の日本は本当にバカだ。

靖国参拝で韓国を怒らせたのは安倍首相のもくろみ通り

飛鳥　それで、２０１３年12月の末に安倍首相が靖国参拝したのは、それに対する抵抗なんだよ。あの参拝で韓国がまた反日でワーッとなって「ふざけるな日本」と言い出した。
それは安倍のもくろみ通りなわけ。わざと韓国人の神経を逆撫でしたんだ。「誰が日本なん

飛鳥昭雄氏

山口敏太郎氏

かの援助を受けるか」というのと同じだからね。
だからアメリカが安倍の靖国参拝に対して「失望した」とコメントしたのはそういう意味。**「アメリカの銀行を助けようとしないとは失望した」**ということなんです。
山口　それが、今回の殺された男性に関係しているということですか。
飛鳥　おそらく彼は何らかの情報をつかんだ。殺されたのがどこかはわからないけど、どちらにしても尋常ではない。
山口　露骨すぎますよね。
飛鳥　もしやったとしたらＫＣＩＡ（韓国版ＣＩＡ）か、そのバックにいるアメリカ。そして、これは安倍に対するアメリカの脅しでもある。おまえもこうなるよ、と。
山口　だって、普通は死体を溶かしたり埋めたりすればいいわけですから、それをあえて晒《さら》すというのはメッセージだということですよね。
飛鳥　ＩＭＦは、韓国経済はもう終わったということをストレステストで証明しようとしてたんだけど、急にその局長がクビになって韓国人になった。そしてその後、韓国経済の健全性を検査するストレステストの実施が延期された。
　つまり、安倍内閣が「もう韓国を助けないよ」とやったから、それに対して死体を晒してきた。**これは、韓国を助けなかったら日本はどうなっても知らないよ、というアメリカ側のメッセージなんです。**

　これで、自民党は「わかりました」となって、また韓国に5兆円の支援をすることになる。最低でも5兆円。そのための揺さぶりなんだ。これで、安倍が首を縦に振らなかったらもっと揺さぶってくる。
　仕方がないので、あの内閣府職員の男性は国の重要な仕事をほっぽり出して、国に残した女に会いに途中までは漁船、そこから先はゴムボートで戻ってくる途中、溺死《できし》したという話をでっち上げたわけ。
山口　殺したのは韓国じゃなくて、アメリカとか中国なんだと思うんです。実行犯はわかりませんよ。でも、黒幕はアメリカなど、日本と韓国がドタバタ揉めた方が都合のいい連中じゃないかと。

尖閣問題も実はアメリカが仕掛けている

飛鳥　もっと言うと、ここにＴＰＰ（環太平洋戦略的経済連携協定）が関係する。本来、経済と軍事は一体だから、ＴＰＰというのは実質的に環太平洋の軍事同盟ということになるわけ。

尖閣問題も実はアメリカが仕掛けている。尖閣諸島についてアメリカは、「施政《しせい》権は日本にあるけど領有権はない」と中国に対して言っているでしょう？　これは大変なことだよ。尖閣諸島は日本の領土じゃないっていうんだから。

それで、国連には「敵国条項」というのがあって、それに沿えば、日本は（第二次世界大戦の）敗戦国であり、中国は戦勝国ということになる。そして、その「敵国条項」には、敗戦国が戦勝国に対し、一度でも敵対行為を行ったら（1発でも銃弾を撃ったらとも解釈可能）、国連安保理の審議を経ることなく、その国を攻撃してかまわない、と書いてある。

だから、中国はあやって何度も尖閣諸島に接近してくるわけ。これで、まかり間違って海保が1発撃っちゃったら中国は報復できる。それが認められている。

そのときアメリカが助けてくれると思ったら、そうじゃない。日米安保条約なんて何の保障にもならない。なぜなら、アメリカ議会が承認しないと中国とは戦争できないから。そして、承認が下りるころには戦争は終わっている。

山口　そうですよね。

飛鳥　つまり、**そういう中国との危うい状況をあえて作ることで、軍事同盟でもあるＴＰＰに入らないとエライことになるぞ、とアメリカは圧力をかけてきているわけです。**自民党は仕方ないからＴＰＰに入るしかない。

ＴＰＰは環太平洋の軍事同盟だから尖閣諸島もこの範囲に入る。そこで、何かそこであれば米軍は動くよ、と。そういうことなんです。

で、同じことを韓国にもやっている。２０１５年の12月で在韓米軍は全面撤退するんです。すでに、38度線を離れて部隊を南下させている。そして、韓国にも「ＴＰＰ入らないとエライことになるぞ」と迫っている。

すでに韓国はアメリカとのＦＴＡ（自由貿易協定）に入っていてボロボロなんだけど、これがＴＰＰに入ったらもっとボロボロになる。だけど、もう入らざるをえない状況が作られているわけ。
山口　まさに属国ですよね。
飛鳥　そう、属国。これでアメリカには属国が２つできる。そして、そのうちに、韓国という属国を日本に与えると言い出す。韓国というお荷物を背負わせるんだ。
で、アメリカは１ドルも払わない。日本が韓国をこれからもずっと担ぎ続けろと。だから、これからもずっと、日本は韓国が創作する捏造《ねつぞう》日本史を認め続け、謝り続けて、金を払い続けることになる。**アメリカのいくつかの州に従軍慰安婦の像の設置に許可が下りたのも、わざとアメリカはやっている。**「韓国という国の隣にいるおまえらの運命だからあきらめろ」ということなんです。

「韓国に関わると不吉な目に遭う」という呪いがある

山口　結局、21世紀型の植民地政策ですよね。経済連携協定というフリはしてるけど、実際はアメリカ様を食わせるために各国を植民地化するだけの話なんです。だから、それに加入する

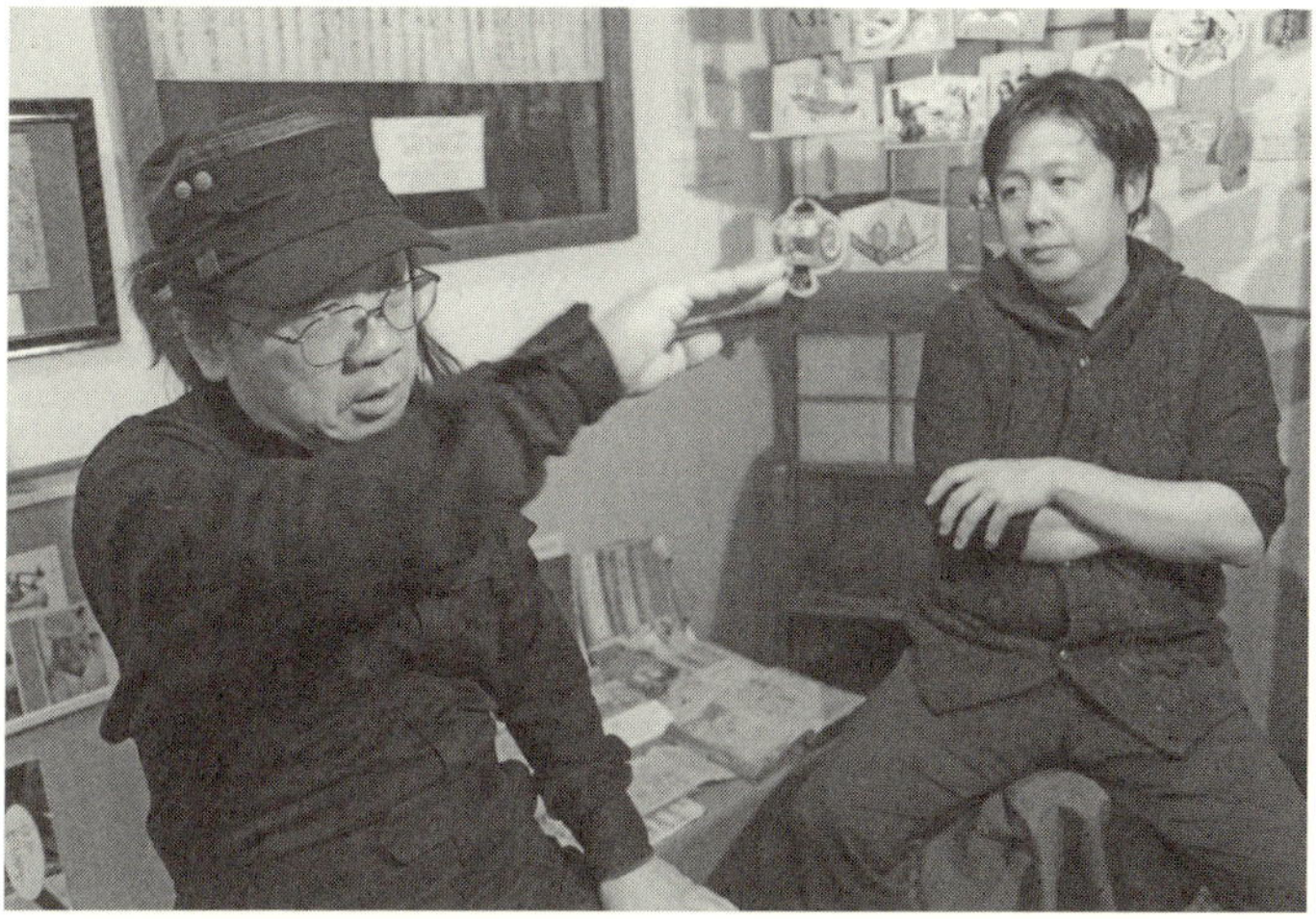

のかしないのか、ノラリクラリしている日本が腹立たしいんでしょうね。
飛鳥　TPPに入ると日本もアメリカと同等に……本当は同等じゃないんだけど、ともかく、そうなると日本もそれ相応の責任を負わされることになる。
日米友好通商航海条約というのは、日本のライフラインを守るためにアメリカの軍隊が守ってやる、という、ある意味でアメリカにとっての不平等条約だったんだけど、「そろそろ自分でどうにかしろよ」ということなんです。すると、アメリカは負担が著しく軽減される。全部アメリカにとっていい状態になる。
一方、日本はどんどんひどい状態になって、最後はどうしようもない国（＝韓国）を背負わされる。

山口　「韓国の呪い」という、韓国に関わると不吉な目に遭うという都市伝説があるんです。フジテレビが韓流ドラマをゴリ押ししたら、どんどん視聴率が下がっていったのもそれですよね。
霊能者の宜保《ぎぼ》愛子さんも生前に、「韓国製の陶器を家に置いてはいけない」と言っていた。日本人が「情」や「義理」の国であれば、韓国は「恨《ハン》」（≒恨み）の国じゃないですか。それが陶磁器などに入っている。
だから、宜保さんは韓国製のものは置くなと言っていた。そういう話が流れていますね。
飛鳥　日本が韓国を助けたら、これからますますひどくなる。今でも、「剣道は韓国人が作った」とか、「浮世絵も韓国人が作った」とか、「日本刀も空手も全部韓国人が作った」というんだからね。
山口　ムチャクチャだ。
飛鳥　しかも、太平洋戦争のとき、韓国は連合国側にいたという。戦勝国側だと。
山口　最近では、**三国志の曹操《そうそう》は韓国人だとか言い出している。**
飛鳥　実は**イエス・キリストも韓国人なんだ。**彼らによると（笑）。
山口　「中国の東北三省は韓国の本来の領土だから返せ」「漢字を発明したのは韓国人だ」と主張して中国まで敵に回してますからね。そういう中国文化に対する起源主張を中国人も問題視していて、そういうところでは中国と日本が連帯しつつある。

韓国人兵士がベトナム戦争で行った残虐行為が問題になっている

飛鳥　そういうデタラメな韓国起源説をヤツらは大使館を通じて正式コメントとして世界中に発信する。そして、バカな国はそれを信じちゃう。
山口　あまり学習していない若い国だとバカな官僚がいますからね。
飛鳥　アメリカにもバカがたくさんいて、極東の国の従軍慰安婦問題が何なのかなんて知らない。大統領になったときのクリントンなんか日本の場所も知らなかった。そんなレベルなんだ。
だから、アメリカ各地の州議会の連中が何も知らずに「慰安婦問題は日本が悪い」と非難決議を出している。
ともかく、もし韓国に対して援助を行ったら安倍自民党は終わり。それはアメリカにとっては拍手なんです。安倍のことは嫌いだからね。
反中国を標榜《ひょうぼう》するアジア諸国で安倍人気が高いのもアメリカはおもしろくない。安倍は飛

びはねすぎると。
アメリカはＴＰＰを支配したら、日本を通してＡＰＥＣ（アジア太平洋経済協力）も全部頂戴するつもりなんだ。日本はバカだからそれは簡単。
そして、アメリカに対して気に入らないことばかりする韓国には縄をつけて日本に面倒をみさせる。日本は損ばかりだよ。
山口　まあ、ずっとそうですけど。差別され続けたのが戦後の日本史ですからね。
飛鳥　日本人ってアメリカから差別されればされるほど喜んで支払ってしまう。
山口　いくらでも出てくるお財布。
飛鳥　韓国にとってもＡＴＭ、アメリカにとっては超ＡＴＭなんだ。
山口　韓国といえば、旧日本軍の方から聞いた話なんですが、満州国時代に中国人に暴力を働いた日本兵というのは全部、韓国・朝鮮系だというんですよ。朝鮮人部隊もあったし、名前が「金」だったりするのでわかるんだ、と。日本人がやらないような残虐な方法で殺していたというんです。さらに、東南アジアで虐殺事件を起こした日本兵を詳しく調べてみると、名前が韓国・朝鮮系が多いというんですね。

ベトナム戦争でも一般人を韓国人兵士がずいぶん殺しているでしょう？　その補償について今、ベトナムと韓国が揉めている。女は全部レイプして男は殺して……と、あの残虐さは異常ですよね。

朴槿惠大統領が「恨みは１０００年消えない」と言ってましたけど、それなら、自分たちはどうなんだと。７００年前に高麗人がモンゴルの手下になって日本に攻め込んできたとき、対馬とか壱岐で虐殺を繰り広げたわけですよ。

だから、半島を併合していた時代のことを言うなら、元寇《げんこう》のときの賠償金をよこせと。その方が犠牲者はよほど多いと思うんです。

飛鳥　そうなんだよ。それでね、**ＴＰＰに関しては、その世界の嫌われ者である韓国を日本が引き取れということも実は条件に入っている。**むしろ、農作物とか車とかの関税の話はカムフラージュなんだ。
山口　ＴＰＰに関しては、「ラストマンスタンディング」（最後の生き残り）で、アメリカがデフォルトするか、日本が屈服して加盟するかのどっちが早いかという勝負だと思っているんです。僕は、アメ

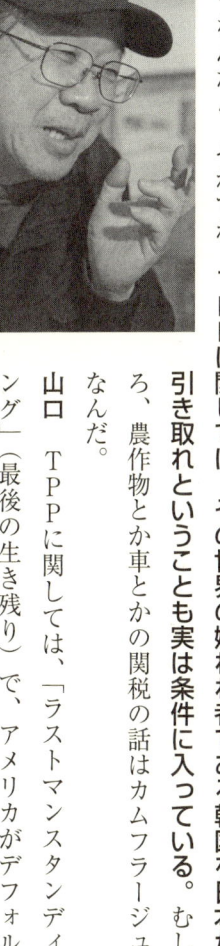

リカがぶっ倒れるのが早いんじゃないかという気がするんですけど。
飛鳥　その前におそらく韓国がデフォルトする。しかし、実質的にデフォルトしていることはなかなか認めない。それを認めさせるためのＩＭＦのストレステストなんだけど、今のところどんどん延期させているから。

外食チェーンGの社長は北朝鮮のヒットマンに殺された？

山口　ところで、北朝鮮のナンバー2だった張成沢《チャンソンテク》が処刑されましたけど、それについて何か知ってます？　ネットでは大手外食チェーンのＧの社長が射殺された事件について、張成沢の粛清に関係して北朝鮮のヒットマンがやったんだと噂されてますけど。
飛鳥　それについてはすごい話がある。たまたま、某テレビ局で例の元公安のＫ・Ｋさんと出くわしたんだよね。そのとき、Ｋさんのところに公安から電話がかかってきたわけ。で、電話相手の声が漏れて聞こえてきた。Ｇの社長が殺された件についての話が。
山口　ああ！
飛鳥　あれ、サイレンサー付きの銃で殺されたでしょ。

山口　しかも全弾的中。明らかにプロの仕業。
飛鳥　それで、電話の内容によると、犯人はもう北朝鮮に逃亡したという。そして、この殺された社長は北朝鮮の張成沢グループに毎年50億円ぐらい援助していた。
山口　つまり、張成沢グループの資金源を断ったわけですね。
そういえば、Gは創業社長の後、息子が3代目を継いだんです。でも、それで経営が悪化して創業社長の義理の弟が4代目に入った。これがこの殺された社長。
その社長がずいぶん建て直したんですが、その過程で「スジ者」が入ったという話があります。そのスジ者が北朝鮮系だったと。
飛鳥　それから、張成沢は中国とものすごく太いパイプを持っていた。そこで、Gには中国で店舗を展開する計画があって、そのために張成沢に金を払っていた。そういう背景がある。
で、これまではパチンコ業界からも張成沢グループに金が流れていたんだけど、今は上納金の納め先を変えるように指令が出ている。
……というような話がKさんの携帯を通してバンバン聞こえてきたわけ（笑）。
山口　ヤバすぎますね……これ本になるのかな？
飛鳥　ともかく、この対談の内容のほとんどはTVや雑誌ではヤバすぎて言えないものになりそうだね。編集者がどこまで伏せ字にするかわからないけど、まあ、タブーを気にせず、お互いの持っているヤバい情報を惜しみなく公開していこう。
山口　飛鳥先生の「隠し玉」に期待してますよ。

第1章

日・中・韓とアメリカの「ヤバい話」

サンカ筋がアメリカのブレーンとなり、日本に霊的攻撃を仕掛けている

山口　日本の真の支配者は誰かということについての見解では、飛鳥先生と共通しているところもあれば、異なるところもあると思うんですが、**僕が注目しているのは、サンカ（＝山の民）が何度か天下を取っていることなんです。**豊臣秀吉とか田中角栄とかはそうでしょう。
飛鳥　秀吉はそうだったね。
山口　角栄さんもそうだけど、サンカということではあまり表には出てきていない。
僕の母方の方は資産家なんですが、「シノガラ」という組織があって、上納金を祖父母の代までは納めていたらしいんですね。その連中が日本におけるゲリラ部隊である「忍び」とか「乱破《らっぱ》」「素破《すっぱ》」というものをやってきた。
その彼らが戦前から戦後にかけて、かなりアメリカに移住しています。だから、日系人というのはサンカ筋とか、「忍び」「乱破」「素破」といった系列の人間が多い。そして、その連中が今、アメリカのブレーンとなりつつある。
だから、アメリカがサンカ筋の影響を受けているのであれば、日本を霊的に破壊することも可能なんじゃないかな、と思うんです。

飛鳥　そういうことをやっている可能性はあるね。
山口　事実、**3・11の前に、怪しげな集団が平将門《たいらのまさかど》の首塚で何かの儀式をやっていたという情報があるんです。**あの首塚から南に下っていくと東電とみずほ銀行の本社ビルがある。みずほ銀行というと、3・11の後、データが狂って大騒ぎになりましたよね。
つまり、日系人の陰陽師《おんみょうじ》が将門の怨霊《おんりょう》を使った霊的な仕掛けを行った可能性がある。また、それとは別に、物理的な作戦を仕掛けている連中も別にいるんじゃないか、ということなんです。
どちらにしても、阪神淡路大震災では白人の死亡者がゼロ、東日本大震災でも白人の死亡者

最近はサンカの本も増えてきた。写真は『山窩奇談』（三角寛著、河出文庫）の表紙

平将門の首塚

が1人のみという事実はいかんともしがたい。

再び日本を大災害が襲うとき、ケネディ大使が「救世主」を演じる

飛鳥　3・11の霊的仕掛けという話にも関係してくるんだけど、新しい米大使としてキャロライン・ケネディが来たでしょう？　最初、10月15日以降に来ると発表されていて、それで、僕は19日に来たら大変だと思ったわけ。というのも、**アメリカって必ず「11」という数字で事を仕掛けてくるから。**
9・11、3・11、それからアポロ11号、さらに、ケネディ暗殺も11月22日なんだ。なぜ「11」かというと、アメリカの独立記念日が7月4日で足すと「11」だから。そこで、アメリカ人はそこにこだわる。
アメリカ生まれの野球だってそう。9人の選手にコーチャーズボックスを加えると11人でしょう。
山口　ああ、なるほど！
飛鳥　それで、10月19日ということになると、ゲマトリア（数霊学）的にすべての数字を足し

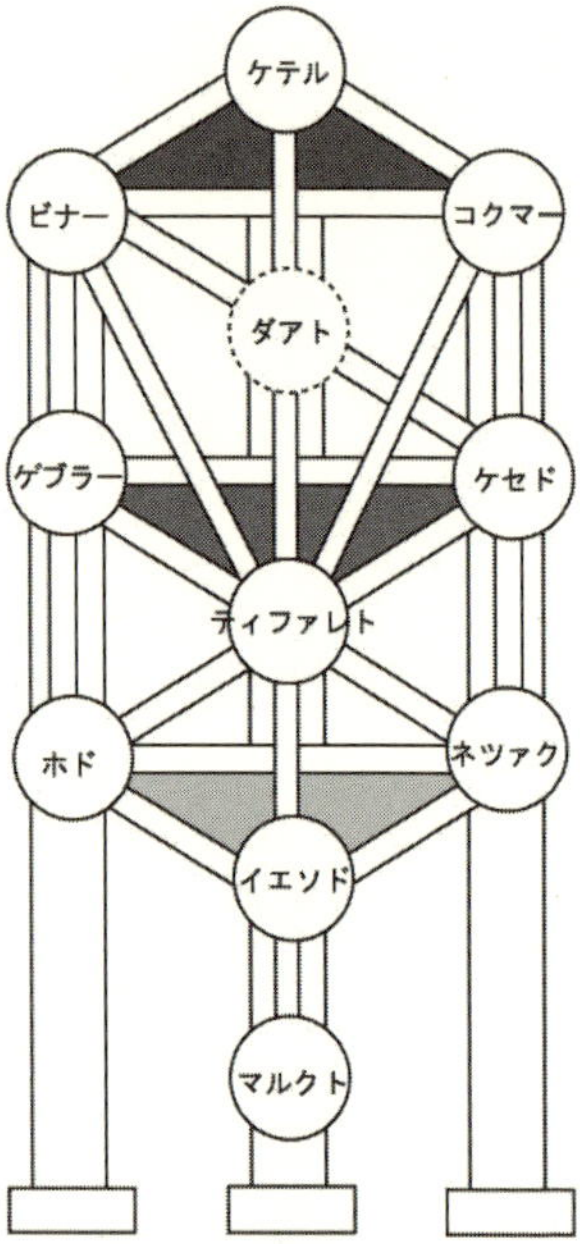

生命の木。11個のセフィロト（属性）から構成されている（提供・飛鳥昭雄氏）。

ていくと「11」になる（1＋0＋1＋9＝11）。だから、この日にケネディ大使が来ると大変だと思ったんだけど、ところがその日には来なくて11月になった。

これも「11」だから「うわーっ」と思ったね。しかも、そのときの彼女の年齢は55歳。「11」の倍数なわけ。

そもそも「11」というのは、「生命の木」のセフィロトの数なんだ。だから、フリーメーソンでもこの数を重視している。

そして、問題なのは「生命の木」を鏡像反転させた「死の木」。実はアメリカのこだわっているのはそこなんです。

山口　日本に「死」をもたらす……。
飛鳥　今、ケネディ人気がすごいでしょう？　それで、今後アメリカがやってくることというのは、日本に何か大変な災害が起きて、それを彼女が女神のごとく救うということ。
そういうシナリオが考えられる。絶対、何かが起きますよ。

白人は有色人種を同じ人間とは見なしていない

山口　いずれにせよ、白人の有色人種に対する差別意識には根強いものがあると思うんです。たとえば、アフリカから黒人を折りたたんで船底に積んでくると3分の1ぐらいが死んじゃうんだけど、それによって強い個体だけが残るからいい。そういうことを欧米列強はやってきた。

同じ黒人なのに、アフリカの黒人よりもアメリカの黒人の方が身体能力が優れている理由がそこにあるのではないかと思う。

もちろんアメリカのスポーツ科学が秀でていることも理由の1つですが、やはり、その根底には白人による黒人の「品種改良」ということがある。つまり、**奴隷主は優秀な奴隷同士を掛**

ヤフェト

け合わせて、より強い個体を作ったのではないか。
また、音楽がうまい奴隷など白人を楽しませてくれる者の血筋だけが残されたから、皮肉にも、その奴隷の子孫が音楽でアメリカを支え、またスポーツで支えている。そういうことじゃないかなと思うんです。
飛鳥　旧約聖書には、ノアの息子であり白人の祖であるヤフェト（ヤペテ）に広大な領土を与え、その兄弟であり黒人の祖となったハムには奴隷になるように、とノアが神に祈る場面があって、それが白人の世界支配と黒人を奴隷にすることの正当化になっているんだよね。
山口　アボリジニについても、白人は「あれは猿か人間か」と本気で考えたくらいです。20世紀初頭の狩猟日記には、獲物の中に「アボリジニ何匹」と記しているんですね。

飛鳥　ひどい話だ。

山口　オーストラリアのシドニーオリンピックでは、「アボリジニも一緒に踊って、オリンピックを祝っています」なんて朝日新聞の記者が書いてましたけど、実際は本当のアボリジニじゃなくて白人がメイクしていた。

本当のアボリジニは場外で「私たちの存在を消さないで」というプラカードを掲げて訴えていた。彼らはシャットアウトされていて、その一方で「オリンピックは世界平和の象徴だ」みたいな感じでやっていたんです。

実際のところ、**オーストラリアのアボリジニの多くは白人にレイプされて白人化されてしまった。**これは、中国がチベットの女の子をレイプして漢民族化しているのとまったく同じことですよ。

そういう思想を持っているアメリカやヨーロッパが日本人を本当の意味で仲間にするわけがない。名誉白人とか呼ばれて浮かれている場合じゃないんです。

イラクのフセインとリビアのカダフィが殺された本当の理由

飛鳥　同じことを別の切り口で言うと、太古にいくほど女は戦利品として扱われてきたんです。白人には特にそういう傾向がある。

今もそうなんだけど、女は現地調達。ヨーロッパもアメリカも現地で調達する。

でも、**旧日本軍はそれはよろしくないということで、商売をしている女性を連れていった。これはどちらが正しいかという話なんです。**

旧ソ連軍がベルリンを攻略したときには、赤ん坊から老婆までレイプされている。要は白人たちの軍隊の性処理は現地調達。お互いそれが当たり前だから、その件については糾弾することはない。

ところが、日本だけがそのルールを破った。だから、ヒラリー・クリントンは「旧日本軍は女性を性差別した」と非難する。

そして、そのことを韓国の朴槿恵は喜んでる。「従軍慰安婦問題」と称して、また日本から金をパクれると大喜びなわけ。

山口　日本では、戦国時代にも戦場に女を連れた女衒《ぜげん》が来て、双方の軍勢を相手に商売してたんです。海戦のときには「船饅頭《ふなまんじゅう》」といって、船で回って売春婦を１人、２人と降ろしていって後で回収するんですね。

飛鳥　それに比べて、米兵なんかとにかく現地の女を犯しまくり。もっと昔のバイキングなんかだと戦利品として連れていった。女は戦利品。モノなんだ。

でも、日本はそれをしなかった。どちらが軍として正しいかということ。

日本政府はこれを言えばいいのに誰も言わない。大阪市長の橋下はそれを言ったから潰されそうになった。彼はわかってる。でも、ちょっとタイミングが悪かった。

すべてがそう。欧米人というのは非常に傲慢で、自分たちが正義で、逆らう者は全部悪。

だから、**イラクのフセインがアメリカのドルでイスラムが蹂躙《じゅうりん》されることを恐れて、「これから石油の取引はユーロにしよう」と言ったら、やられた。で、今度はリビアのカダフィが「アフリカ全土の共通通貨を作ろう」と言ったら、やられちゃった。**

アメリカの正義というのは、そういうことなんです。だから盲従だけはしては駄目。

日本人が作った「正義の国・北朝鮮」

飛鳥　そういう意味では、北朝鮮が一番正義の国かもしれない。怖い国ではあるけれど。
山口　アメリカ相手によく頑張ってますね。
飛鳥　アメリカに絶対に屈服しない。これはすごいことなんです。誤解を受けることを覚悟で言うと、**唯一、アメリカから独立している国は北朝鮮だけだよ。**
山口　隷属《れいぞく》していない。
飛鳥　してない。あれを「瀬戸際外交」とバカにするけれど、それさえできないのが日本人なんです。
山口　日本はそれをやろうとしたから、太平洋戦争で潰された。
飛鳥　そう。でね、実は北朝鮮という国を作ったのは日本人なんだ。
山口　そうみたいですね。
飛鳥　陸軍中野学校の連中が朝鮮名に名前を変えて実権を握っている。
そもそも、**金日成、金正日、金正恩と父親の名前の一文字を受けついでいるでしょ。あれは、朝鮮の風習じゃなくて日本の風習なんです。**

山口　小泉（純一郎）さんが北朝鮮に行ったとき、金正日から「私は日本人の血が入っていて、あなたには朝鮮の血が入っている。ちょうど逆だね」と言われたという説があるんです。
飛鳥　小泉は在日の血が入ってるそうだから、まさにそうなんだ。
で、現在の北朝鮮があれだけ頑張れるのは、昔の日本で一度アメリカにやられているから、もう同じ手は食わないよ、ということなんです。
かつて、日本は怒りにまかせてパールハーバー（真珠湾）をやって、ああなった。**そのときの経験者が北朝鮮にたくさんいて、その末裔《まつえい》が北朝鮮の中核にいる。**
これ、エライことだ。日本の戦前世代が北朝鮮を見て、「いやー、昔の日本に似てる」なんて言ってるが、それも当たり前。だって日本人が作ったんだから（笑）。
山口　あれは、意図的に「草《くさ》」（忍者）として残したという説があるんですよね。再びアメリカと戦う日のために潜伏させているんだ、と。
飛鳥　もっと恐ろしいのは、北朝鮮が絶対潰れないのはなぜかということ。潰れないのも当たり前で、**あそこを援助しているのはアメリカとロシアと中国とEUだから。**今、北朝鮮はすごいですよ。特に平壌《ピョンヤン》は超高層ビルの工事をたくさんやっている。
別の街でもそうだし、1500床規模の大病院もどんどん建っている。それに、保育所もたくさん作っているから、日本みたいに待機児童もいない。

平壌のビル群（大同江沿いの風景）

医療費も無料で、能力のある人間は学費もすべて無料。さらに、住まいも無料。もちろん、光熱費は払わなければならないけど。

その金はどこから出ているかということです。

今、北朝鮮は特区をたくさん作ってるけど、そこは、アメリカ人、ドイツ人、フランス人などで溢《あふ》れている。いないのは日本人だけ。なぜか？　**アメリカが日本に「拉致問題が解決するまで国交を回復するな」と指示しているから。**

北朝鮮は今、特区と鉱山ラッシュなんだけど、そこでは日本だけを蚊帳《かや》の外に置いている。ドイツが一番すごいんだけど、欧米諸国が中心になって利権を全部取っていて、日本人は1人もいない。つまり、拉致問題を理由に、日本を追い出しているわけ。

山口　韓国は民族的にはもっと北の方から来ているらしいですね。つまり、北朝鮮と韓国人は同じ民族といっても、実はルーツが違っていて顔つきも違う。そういう話があります。

飛鳥　韓国人は北朝鮮こそが本来の朝鮮であるとして崇《あが》めている。そして、北朝鮮の幹部は日本が大好き。

もともと日本人だから当然だ。そして、皇室のことも大好きなんだ。

旧日本軍はアメリカへの復讐の日のためアジア各地に「草」を残した

山口　白人たちがなぜ黄色人種を恐れているかというと、結局、白人って一種のアルビノだという説があるんですね。突然変異の白い個体であって、そういう個体はその種の中では弱い。そこで、その種の中で強い個体は温帯地域に住み、弱い個体が熱帯や寒帯へ追いやられることになる。
白人はどちらかというと寒いところにいて、**黄色人種に追いやられたという「種の記憶」がある。だから、白人には黄色人種に対する本能的な恐怖心があると思うんです。**
飛鳥　その意味で黄色人種はまさに中心的な種なんだ。アルビノってある種の奇形だから。
もっと言うと、アメリカ人ほど怖がりな民族はいない。アメリカ人を民族という言い方はおかしいんだけど、ともかくアメリカ人は怖がりだから相手を全力で潰しにくる。
山口　泣きながら殴りかかってくる幼稚園児、みたいな。
飛鳥　ただ、彼らが恐れるのも当然で、今、日本と北朝鮮が手を結ぶとトンデモないことになっちゃう。つまり、**日本と北朝鮮がくっつくと韓国が飲み込まれて昔の日韓併合に戻る。それを北朝鮮にいる旧日本軍勢力は狙っているわけ。**

アメリカはそれを知ってるから絶対に手を結ばせない。もしそうなると、ウォンと円が合体して、極東からドルもユーロも追い出されるから。
山口　東アジア共栄圏という構想がありますけど、それをやられるとアメリカ的にはかなり厳しい状況になりますね。
飛鳥　ところで、北朝鮮の旧日本軍勢力とつながっている日本の要人について、敏太郎さんは何か情報を持ってる？
山口　飯島勲《いさお》さんは当然つながってるんじゃないですか。
飛鳥　そう、つながっている。さらに、もっと深いところでは××もつながっている。これはさすがに本に書けないけど。
山口　日本は戦争に負けたとき、北朝鮮だけじゃなくタイとかインドネシアとかフィリピンとかにも日本人を残したんですよね。
忍びの世界でいう「草」と同じで、何十年か後にアメリカと再び戦うときのために、そこの権力の中枢《ちゅうすう》に食いついておけと言って残した、という話があります。

北朝鮮と日本が手を結んだとき、韓国が捏造してきた嘘の歴史が覆される

飛鳥　いずれにせよ、北朝鮮と日本が手を結んだときには、韓国がこれまで捏造してきた嘘の歴史が、従軍慰安婦問題から何から何まで含めて覆されることになる。あの連中、剣道も浮世絵もメイドイン韓国だとかぬかしているでしょう？
山口　武士道も韓国が作った……とか。
飛鳥　日本刀も韓国が作った、と。こういう嘘を韓国大使館を通じて世界中にバラ撒いているんだけど、北朝鮮が「そんなことないよ」と言えば、これが一発で吹き飛ぶ。だから、北朝鮮と日本が手を結ぶことは、アメリカだけじゃなく韓国にとってもまずいんだ。
そこで、日本をつま弾《はじ》きにするために拉致問題に固執させておく。そうすれば日本人はバカだから韓国には金をむしり取られ、北朝鮮と付き合おうとは思わない。その間に俺たち白人がおいしいところを全部いただく、と。そういう戦略です。
山口　ロシアのプーチンが「ニューワールドオーダーの好きにはさせない」と言っているぐらいですから、ロシアと中国と日本が連携していけば対抗できると思うんです。アメリカは、インドと日本が交流を深めていることにも、あまりいい顔をしてないでしょう？

今こそ、アメリカ偏重の外交からシフトチェンジしていかないと、いつまで経っても大航海時代からの白人の世界支配を変えられないと思うんですよね。

だって、進駐軍がやってきたときにも、パンを投げて、それを拾いにきたお母さんたちを米軍が試し撃ち感覚で殺す、といったことをやっていたわけですから。結構、進駐軍は日本統治中に人を殺している。そして、その延長線上に今の日米関係がある。

飛鳥　エゲつないことをたくさんやってるけど、やられた方はすべて泣き寝入りだね。

南朝の裏天皇の側近の人からフェイスブックでメッセージを受けた

飛鳥　ＴＰＰについてはさっきも言ったけど、あれはただの経済連携ではなく、経済と軍事がセットになっているんだよね。これまで、日本は軍事をアメリカに任せていたから、そこのところに気づいてないんだけど、もし、ＴＰＰが通ったら日米安保条約は破棄されますよ。で、アメリカにとってより有利な関係が結ばれる。だから、自民党は今、集団的自衛権を早くやってしまおうとしている。
そもそも、日米安保はアメリカにとっては都合の悪い条約なんです。

昔、日米友好通商航海条約も不平等条約っていわれたんだけど、日米安保条約も逆説的に同じことが言える。それはなぜかというと、ホルムズ海峡の警護も含め、すべてアメリカの税金で日本のライフラインを守ってきたから。これはアメリカにとって莫大な損失なんだ。

当時はまだソ連がいたからそれでも意味があったんだけど、今となってはアメリカは早くそれを止めたい。だからTPP。

TPPは実質的には経済軍事連携だから、そうなると日本の自衛隊は実質的にアメリカ軍に吸収されて最前線に送られることになる。

山口　そうでしょうね。

ところが、こういう状況にあってもなお、日本側の裏天皇は動く気配がないし、飛鳥先生も何度か接触されている秘密結社・八咫烏《やたがらす》の連中も静観している感じですね。
……ああ、そういえば、僕は南朝の裏天皇の側近の人からフェイスブックでメッセージを受けたことがあって、最近は南朝もフェイスブックをやっているのかと驚かされたことがあるんです。
飛鳥　あ、そうなんだ。そういう時代なのかー（笑）。
山口　それで、「山口さんに南朝側の意見も取材してほしいんです」みたいなことを言ってきた。ちゃんと名前も名乗って。
ただ、うちは護良《もりよし》親王の流れで、南朝方に裏切られて追放された側なんで、ちょっと、南朝というのは引っかかりがあるんです。それで、それに応じていいものかどうか迷っているうちに、もう半年ぐらい経ってしまいましたけど。
まあ、そもそも先方の南朝うんぬんという話が誇大妄想の可能性もあるんですが。
飛鳥　多いよ、最近。やたらと八咫烏系も多くなっている。
山口　八咫烏の情報もずいぶん流れるようになりましたからね。
飛鳥　というか、**あちこちから「私が八咫烏です」という人が現れて大変なんだ**（笑）。
山口　僕の知り合いにも自称・八咫烏がいますよ。ずっと付き合ってきた知人なんですが、ある日突然、「実は私、八咫烏なんです」って。えーっ、そんな話聞いてないよ（笑）。

まあ、何かそういう人って思い込むんでしょうね。
飛鳥　そう。思い込むんです。
で、もっとおもしろいのは、たとえば僕の本を読んで飛鳥ファンになった人がいるとして、彼らがやがて本を出すとする。まあ、僕の情報を使っていたりするんだけど、それはいいんだ。情報は一度出したら独り歩きするから、それは仕方がない。
ただ、おもしろいのは飛鳥ファンから作家になった連中はだいたい「反飛鳥」になるということなんです。
山口　そうなんですか？　僕は飛鳥ファンですけど「反飛鳥」にはなってませんよ。
飛鳥　敏太郎さんは珍しい。なんで、みんな反飛鳥になるかというと、「俺の方が飛鳥より上だ」ということなんだ。で、もっというと、「飛鳥情報を流しているのは実は私だ！」とか言うヤツまでいる。
山口　それって、飛鳥先生のマンガに登場する「ミスター・カトー」そのままじゃないですか！（笑）

裏天皇家「八咫烏」のトップシークレット

山口　八咫烏の件については、実際に彼らと会ったことのある飛鳥先生の口から、改めて説明していただいた方がよさそうですね。

飛鳥　そうだね。

まず、最初に押さえてほしいのが、秦の始皇帝《しこうてい》のシンクタンク集団であった徐福《じょふく》一行が日本へ亡命して、それが物部《もののべ》氏となり大和に王朝を作ったということなんです。これは、僕の持論なんだけどね。

物部はその王権を神武天皇に禅譲《ぜんじょう》した。つまり、**記紀にいう饒速日命《にぎはやひのみこと》こそが物部氏であり、神話にいう八咫烏なんだ。そして、大和を神武天皇に譲った物部氏はその後、京都に移って「裏天皇」として君臨した。**

八咫烏は加茂建角身命《かもたけつぬみのみこと》という加茂氏の始祖の化身だと信じられていて、**その子孫である加茂氏が裏神道の総元締めとして代々天皇家の祭祀を一手に受け持ってきたんだよね。**

加茂氏の拠点は下鴨神社、上賀茂神社。その下鴨の方に「糺《ただす》の森」というのがあって、そこに小さな神社がある。この河合《かわい》神社というのが実は本当の鴨神社なんだ。

こちらこそが本家本元であり、ここが今でも皇室を陰から支えている物部系の神社なんです。

その物部氏の末裔は今でも八咫烏と名乗っているんだけど、ここでいう八咫烏とは別に天皇の臣下としての物部氏もいるし、八咫烏には物部氏だけでなく加茂氏や秦氏といった豪族も関わっているので、話は単純ではない。ただ、ここでは「八咫烏＝物部氏」と考えてもらってい

加茂建角身命を祀る賀茂御祖神社の西本殿（国宝）

い。
山口　その八咫烏の役目は何なんですか？
飛鳥　八咫烏の主な役目は祭祀。**実は天皇家はすべての祭祀を知っているわけではなく、そこで、足りないところを教示する組織として八咫烏が必要とされたわけ。**
山口　飛鳥さんは八咫烏に直接会ったんですよね。
飛鳥　現在、八咫烏の数は約70名。その上部組織は12名から成り、彼らはほかの八咫烏とは区別されて「大烏《おおがらす》」と呼ばれている。
さらに**その中でも最高位に立っているのが3人の「金鵄《きんし》」。金鵄は3人そろうことで裏天皇として機能する。**つまり三位三体。
そして、表の天皇が戦乱などに巻き込まれて、定められた祭祀ができない事態が生じたときに、彼ら金鵄は天皇に代わって祭祀を行った。だから、後醍醐天皇で知られる南北朝時代以降、たとえ北朝系偽天皇の時代が幕末まで続いても、その期間は裏天皇の八咫烏一族が祭事一切を取り仕切ったんです。
宮中祭祀には日本という国の成り立ちが秘められているので、そういう意味で八咫烏とは、建国以前からの日本史の秘密をすべて握っている存在だと言えるんだ。
山口　金鵄や大烏以外の八咫烏は何をやってるんですか？

飛鳥　金鵄、大烏を除いた八咫烏たちは烏天狗と呼ばれ、外部との伝令役をしている。
直系と傍系があるものの、彼らはみな血族の関係。ただ、彼らには戸籍がないから法律上の血族というわけではない。

下鴨神社摂社の河合神社

三本足の八咫烏

明治天皇はやはりすり替えられた

山口　いわゆる裏天皇家は南朝系にも何種類かあるようですね。
飛鳥　それだけじゃなく、明治天皇はたくさん「お手つき」があったからね。そりゃあ、その血を引いた人はたくさんいますよ。
山口　明治天皇すり替え説――本物の明治天皇は維新の志士たちの手で殺されたか蟄居《ちっきょ》させられ、南朝の血筋の大室寅之助《おおむろとらのすけ》が秘密裏に明治天皇の座に据えられたという説もだいぶ有名になりました。
飛鳥　実際、明治天皇は「南朝こそが正統である」と宣言しているし、皇居の前には南朝の功労者である楠木正成の像が明治帝の命で建てられているわけだからね。
それから、現在天皇が即位するときには、即位式と大嘗祭《だいじょうさい》を行うことになってるんだけど、**北朝系の天皇の時代は即位式だけが行われてきた。これは、北朝系は正統ではないということを意味していて、北朝系天皇は半分の帝ということで「半帝」と呼ばれたりした。**
大嘗祭には「麁服《あらたえ》」という死装束が必要なんだけど、これは四国の忌部《いんべ》の三木家が作り、若い処女が精進潔斎《けっさい》して皇室に納めるんだね。ところが、三木家は北朝家の天皇には収めなかっ

皇居外苑にある楠木正成像

た。本物と認めてなかったから。
それを、明治天皇になってからまた納め始めた。つまり、彼らが正統と認める南朝の天皇が即位したということなんです。
山口　その現在の皇室とは別に、**南朝の裏天皇が京都御所にいるという話を京都の友人から聞いています。**それで、東京から天皇が京都に戻ってきた場合は、表の天皇と裏の天皇が御所で一緒に住むことになるのか、と京都の人たちは騒いでいるようです。
飛鳥　というか、次の天皇陛下の代で京都に帰りますよ。
現に、2012年の中ごろに「宮家の一部を京都に移転」という新聞記事が出て、世論形成の流れに入っている。これが提案されただけでも大変なことで、実際は新たな天皇陛下が京都に戻ることの下準備なんだ。すでに京都御所ではその用意を始めているという情報がある。
山口　どこに住むんですかね。
飛鳥　京都御所。
山口　やはりそうですか。じゃあ、裏天皇はどうなるんですか？
飛鳥　とりあえず裏天皇の件は置いておこう。裏は裏だから。

現在の皇太子が「ラストエンペラー」となり皇室は京都へ移る

飛鳥　ともかく、次の天皇陛下の代で皇室は京都に帰ります。もうすでに、**深夜に皇居へ大型ヘリが2回着陸したのが確認されているし……。**

表向きは京都市がお願いする形で宮家の一部を京都の方に移すことになるんだけど、トップダウンのこの国で下からそういうお願いをするわけがなく、これは一種のフェイクで、あらかじめ上では決まっていることなんです。

なぜ、京都かというと東京は三重苦だから。いつ原発がアウトになるかわからないし、東京直下地震や富士山噴火もそろそろでしょう。だから、京都へ戻ることになる。

もともと、京都の人は天皇家を東京へ貸しているだけだと思っている。だから、いつか戻ってくるときのために公家の冷泉《れいぜい》家を京都に残している。明治新政府発足後、すべての公家は東京に集められたんだけど、冷泉家だけが京都に残ったわけ。

冷泉家には蔵がいくつかあって、それはいまだに開陳されていない。そこには、開《あ》かずの蔵が少なくとも3棟あって、昔の天皇家の文書が未公開のまま守られている。

なぜ守っているかというと、天皇家が戻ってくるときに使う必要があるから。つまり、冷泉家というのは単なる和歌詠み集団じゃないんだ。
で、次の天皇陛下でラストエンペラーとなる。
山口　最後の天皇に……。
飛鳥　2012年7月30日は明治天皇崩御から100年ということで、明治神宮では「明治天皇100年祭」が開かれたんだけど、これに関係するのが、かつて皇室神事を担当していた伯家神道に伝わる予言です。それによると、皇太子が天皇になるときに受ける「祝《はふり》の神事」を行わなくなって100年経った後の天皇が最後の天皇になるというんです。
あるいは、天皇が三代続けて「祝の神事」を受けないと、四代目の天皇が最後の天皇になるともいわれている。
山口　そういわれているようですね。
飛鳥　最後に「祝の神事」を受けたのは明治天皇といわれているので、そうなると、100年経った後の天皇、あるいは四代目の天皇とは、今上天皇の次の代の天皇に当たります。つまり、おそらくは今の皇太子が最後の天皇になるということなんだ。
山口　そのタイミングで皇室が京都に移られる可能性が高い、と。
飛鳥　そういうこと。
山口　陛下も人間である以上、寿命がありますからね……。

ところで、僕は陛下の葬列の輿《こし》を担ぐ役目をしていた八瀬童子《やせどうじ》を取材したことがありますが、普通の現代人でしたね。集落があって、子どもたちは普通にアンパンマンの三輪車に乗ったり、プレイステーションをやっていました。

それから鹿児島に行ったときには、犬の鳴き声で陛下の葬列の前を浄化する連中が練習しているのを見ましたよ。もう3年ぐらい前のことですけど、こう言っては何ですが、今上陛下にいつ何があっても対応できるようにしているんでしょうね。

飛鳥　そういうこともあって、京都では次の代で皇室が戻ってくることを想定して、八咫烏や冷泉家が動いているわけだよ。

サンカ衆の推す南朝系の天皇を戦後、天皇に即位させる密約があった

飛鳥　リニアモーターカーの路線計画が、京都の手前まででグレーゾーンになっていたけど、以前の計画では京都を通らなかったはずが、今ここにきて、京都を通る計画が出てきている。これは、**東京が首都ではなくなるということを意味する。**
山口　僕が聞いた話では、ＧＨＱの通訳はみな、アメリカに移民したサンカの流れの人だとい

1926年、「大正天皇崩御」の報に接し、葱華輦《そうかれん》を担ぐ練習を始めた八瀬童子（『歴史写真臨時増刊　大正天皇御大葬記念写真帖』より）

うんですね。それで、**日系人のサンカ衆の長、「大本《おおもと》」と呼ばれるその長が、GHQに協力する見返りとして、サンカ衆の推す南朝系の天皇を戦後、天皇に即位させるという約束を取り付けた、と。ところが、GHQはそれを反故《ほご》にした。**

だから、このままサンカ衆は黙っているのかなあ、というのがあって、アメリカ国内でもサンカ衆の血を引く日系人たちが独自の動きを始めているといいます。

そういうこともあって、僕は単純に天皇家が京都に帰ってくるだけでは済まなくて、一波乱ありそうな気がするんですよね。

飛鳥　もうすでに一波乱起きていて、次の天皇の座をめぐって皇太子派と秋篠宮派に分かれて争っているでしょう？　特に宮内庁の役人どもが雅子妃殿下のことが大嫌いで、どんどんいろんなことをリークして週刊誌ネタにしている。

それだけのことをやっているから、雅子妃殿下が皇后になったら、その役人どもはタダじゃ済まない。だから、なおのこと絶対に彼らは皇太子を天皇にしたくないわけ。

山口　ある霊能者に言わせると、**愛子内親王が天皇家の霊的なものを一番受け継いでいるようですよ。**

飛鳥　僕もそう思う。美智子皇后はある意味でそれまでの皇室のあり方を3分の1破壊したんだよね。自分で子どもを育てるとかそういうことを含めて。

で、雅子妃殿下は残り3分の2を破壊する。それで、宮内庁は吹き飛ばされますよ。その後ですよ、愛子様のお役目は。

皇居に江戸城が再建され幕藩体制が復活する！

飛鳥　まあ、それはさておき、今、リニアの件で奈良と京都が大ゲンカ。リニアはできるだけ直線がいいから奈良が一番いいのに、それがなんで京都なんだと。平安京より平城京でしょう？　と奈良が怒っている。
それで、折衷《せっちゅう》案として、京都と奈良の中間ぐらいにある「高の原」という駅をリニア駅にするという案が出ている。でも、ここからは京都に行くのも奈良に行くのも大変。だから、結局のところ京都に決まることになりそうなんだけど。
山口　これは事実上の遷都の流れですね。
飛鳥　そう、これは首都機能移転なんです。少なくとも間違いなく宮内庁は移転する。
京都駅になぜ無駄な空間があり、天井が異常に高いかの謎も、リニア駅が新幹線の上にできると思えば納得がいく。

山口　僕が聞いているのは、**省庁ごとに各都道府県に割り振って、核攻撃で東京がやられても大丈夫なようにするという計画です。**
飛鳥　リスク分散だな。
山口　確かに東京に何もかも集中しすぎているから、危ない。
飛鳥　だって、道路だって全部、東京都内を通らないと行けないから大渋滞になる。
これね、おもしろいのは、天皇陛下は京都から東京に移られたときに遷都宣言をしていないということなんです。で、政府は「天皇陛下がおられるところが首都だ」と言ってきたわけだから、天皇家が京都行ったら東京は首都じゃなくなるわけ。
そこで、官僚どもが考えているのは、江戸時代に戻すということ‼
山口　幕藩《ばくはん》体制ですか。天皇は京都におわし、内閣は江戸に。
飛鳥　そう！　それで祭政分離がさらに具現化するわけ。そこで天皇陛下のいなくなった皇居に江戸城を再建して、それを起爆剤にして経済効果を引き出す。もうそういうプランが上がってきている。
山口　霊的には、天皇を守るために戦後、風水を用いてきましたからね。それを江戸幕府再興に振り向けるというのであれば、それはそれでいいのかもしれない。
飛鳥　政治の首都は変わらず東京で、祀りごとの首都は京都——これはまさしく江戸時代に戻るということであって、着地点としては何の問題もない。
山口　京都の人は「東京に行幸《ぎょうこう》中や」という感じですからね。
飛鳥　そうそう。「貸してるだけ」というね。
そして、その線で冷泉家も準備態勢に入っている。なぜそれがわかるかというと、四国忌部の三木家の長からトンデモない爆弾発言を聞いてるから。でもこれはここじゃ言えない。ただ、爆弾発言があったというのは確かなことで、その線でいくと間違いなく天皇家は京都に移ります。

東京オリンピックまでに江戸城が再建される!

飛鳥　江戸城の件なんだけど、実は江戸城の図面は昔からあるんだ。ただ、昔のものだから張り合わせがあったり、縮んだり伸びたりズレてたりして、そのままじゃスキャニングできない。
そこで、某巨大建設会社が名乗りを上げ、尺からメートルに直してきっちり図面を作り直した。国家プロジェクトとして作り直したわけ。

柱の食い込みの深さとかすべて再現されている。これが2013年に完成した。しかも、平面的な図面でなく3Dにしたわけ。
モニタの中で松の廊下から何から全部再現した。だから、後は国家プロジェクトに任せれば江戸城は再建できる。
山口　それが、陛下が京都に移られた後の帝都の結界となる。
飛鳥　幕藩体制の象徴として江戸城を造り、そこは大きなミュージアムであると同時にディズニーランドのような場所になる。
大奥まで全部ある。釘一本まで完璧に再現するんです。
山口　観光客による経済効果は大きいですね。
飛鳥　これで東京の経済停滞を避けられるから、国家プロジェクトとして急がせている。これを東京オリンピックに間に合わせると、世界中から観光客がやってくる。
山口　靖国みたいに、朝鮮人に火をつけられないようにしないと。
飛鳥　放火とはいかにも連中らしい。韓国で国宝が焼かれたとき、「日本人がやった」と騒ぎになったけど、結局、同族がやっていたというね。連中は自分がやることは他人もやると思い込む。
山口　日本の文化的建造物で、警備の薄いところは何軒もやられている。

飛鳥　エジプトなど世界各地でハングルの落書きが問題になっているしね。最低ですよ。おまけに重要な図書館の地図に、日本海を東海《トンヘ》と書き直す暴挙も平然とやってのける。
山口　倭寇《わこう》が持っていったとかいって対馬の仏像を盗んじゃう。
飛鳥　いつの話だよって。大体、倭寇が持っていったかどうかさえわからないじゃない。言いがかりもいいとこだ。
日本もインターポールに持ち込めばいいのに、「韓国様、返してください」って自民党も情けない。まあ、政治家の中には在日から帰化した人間がたくさんいるからね……。
山口　多いですよね。朝鮮式のやり方で水を飲む人も少なくない。
飛鳥　今では、**3代以上前の戸籍を取れないようにしているでしょう。これは、在日が全部決めたこと。**これによって在日の連中は自分の出自を消すことができる。
山口　天保生まれの僕の祖先は明治に改まったときに籍を作ったんですね、その孫が僕の祖父なんです。それで、その先祖のところまで戸籍を調べたことがあるんですが……。
飛鳥　それはどれくらい前？
山口　5年くらい前です。
飛鳥　ああ、今じゃアウト。教えてくれない。問い合わせるときも理由を細かく聞いてくる。嫌な世の中だね。

山口　すぐ、個人情報うんぬんとか言い出す。江戸時代のウチのご先祖、天文学者の家だった間家《はざま》（注・山口敏太郎氏の本名は間敏幸《はざまとしゆき》）の書いた文書が大阪の博物館にたくさん収められているんです。それを子孫の僕が見せてくれと言っているのに、「個人情報ですから」と突っぱねられたんです。「いや、俺の先祖が書いたものをなぜ見られないんだ」と。
そもそも、江戸時代に生まれて明治に亡くなっている人に個人情報も何もないだろうと。コイツら頭おかしいのかなと思っちゃいますよ。本当に融通の利かない世の中になりましたよね。

東日本大震災によって古代神「艮の金神」の封印は解かれた

山口　まあ、さっきの江戸城の件でも、これから東京は激変することになりそうですが、2020年の東京オリンピック自体は計画通り開催できると思うんです。ただ、テロの可能性がないとは言えない。
飛鳥　その前に、第3次世界大戦が起きる。

山口　起こりますか？
飛鳥　大友克洋のマンガ『アキラ』の冒頭部分に予言されてるでしょ（苦笑）。
山口　ああ、話題になりましたね。これが不思議に当たっている。マンガの中に「２０２０年東京オリンピック予定地」とあって……。
飛鳥　で、第３次世界大戦の後の「ネオ東京」という設定でね。

山口　なるほど、そうなると第３次世界大戦がそれまでに起きることになる。
ただ、なんでしょうね。白人がありとあらゆる手を使って日本を攻略しようとしても、そのたびに何か予想外のことが起きて壊滅を逃れられてきたというのは事実ですよね。
飛鳥　そうなると、日本はこれからも完全壊滅だけはないということになる。
山口　日本列島竜体説でいうと、北海道が竜の頭で、本州が胴体、四国が前足、九州が後足で沖縄が尾、という感じですよね。で、現状は、中国が尾に食いつき、韓国がお尻に食いついて動かないようにしている。これが尖閣と竹島。
で、アメリカが何をやったかというと、竜の心臓である福島を撃ち抜いた。しかし、それが致命傷になるはずだったのに死ななかった。

そして逆に、東京の鬼門《きもん》に封じられていた古代の神である「艮《うしとら》の金神《こんじん》」の封印が解けたんじゃないかなと思っています。古代の神々が「金神七殺」と恐れた金神を、結果的に今回の東日本大震災で蘇らせてしまったんじゃないかと。

だから、神道的には、そういうことをやった欧米がこれから滅びていく前兆じゃないかなと思っているんです。

故・船井幸雄先生の熱海のお住まいに、雑誌『たまゆら』の取材で中矢伸一先生と一緒にうかがった際、日月神示《ひつくしんじ》がお好きだった船井先生の口から、「抱き参らせる」という考え方を教わったんです。これは日本人独自の考え方じゃないですか。

敵はすべて殲滅《せんめつ》させるのがアメリカのやり方だったけど、殴られてボコボコになっていた「のび太＝日本」がいつの間にか「ジャイアン＝アメリカ」を仲間にしているみたいな、そういうことが起きている。それが、ジャイアンであるアメリカはやっぱり怖いんでしょう。
何度殴っても「のび太」は這い上がってくるし、

誰に対しても愛情を示そうとする。だから、本当に「抱き参らせられ」るんじゃないかという恐怖心が生まれる。
飛鳥　その場合、「スネ夫」は韓国だな。
山口　そうですね（笑）。

アメリカは戦後日本を在日朝鮮人に支配させた

山口　ともかく、日本の怖さって、そういう得体の知れないところなんです。武力以外のもので相手を倒そうとするから日本人は怖がられる。
飛鳥　「ドラえもん」がアメリカだという見方もできる。アメリカ国旗も「ドラえもん」も、白と赤と青でしょう（笑）。それで、絶えず日本である「のび太」を甘やかして独り立ちさせないようにしている。
山口　そういう支配の仕方に連中は非常に長《た》けている。
彼らは戦争の前に日系人を中心に神道の研究をやって、日本人の精神性を相当分析しています。それは出版されてますよ。

そして、戦後の日本を統治するときには、在日朝鮮人を上層部に引き上げ、マイノリティに日本人を支配させる体制を作った。
飛鳥　朝鮮の血が入っている政治家は相当多いね。芸能界は当たり前だし。
山口　スポーツ選手も多いですよね。
飛鳥　まあ、韓国から言わせると、有能な日本人はみんな在日ということなんだけど。
山口　僕も韓国人扱いされましたよ！
飛鳥　あ、そうなの⁉（笑）。俺は無能だから韓国人は認めてくれそうにないな（爆笑）。
山口　本名は間《はざま》という珍しい苗字なんで、そう言われたんですが、これは、江戸時代の天文学者・間重富《はざましげとみ》の流れなんです。
そもそも、「間」っていう漢字は韓国にはないのに、ネットでは「こいつは在日だ」と書かれましたね。
飛鳥　それはある意味、誉められたということなんだ（笑）。
山口　無理やり仲間扱いされちゃうという、ね（笑）。

200歳超のアイヌのおばあさんが米軍アラスカ基地で祈祷を行っている

飛鳥　それから、裏天皇家に関して付け加えておくと、真の裏天皇家の人には名前（戸籍）がないから、名前がある人は偽者《にせもの》ということになる。
山口　なるほど。
ところで、八咫烏の使う格闘技が特殊だというのを聞いたことがあるんですね。陛下の前で相手を仕留めるときに血を出しちゃいけないから、内臓を潰して内出血させて殺す技がある……と。
飛鳥　3年殺しとかそういうヤツね。
山口　御前で殺せないから……（『北斗の拳』に登場する）南斗水鳥拳《なんとすいちょうけん》のレイみたいな感じで相手を仕留める（笑）。
飛鳥　それはおもしろいね（笑）。
あとね、これは噂なので確定ではないんだけど、200年以上生きている人が複数いると聞いています。
山口　それは八咫烏の中に？

飛鳥　そう。で、アイヌの中にも1人、200年以上生きているというおばあさんがいる。
山口　それって、雨を降らせる人じゃないですか。
飛鳥　うん。それで、**今、このおばあさんに米軍が絶えず接近していて、ときどき、アラスカに連れていっているということも知ってる。**
この、おばあさんはおそらく、地上の人間ではない。200年も生きている人間は地上の人間ではありえない。
山口　その人はなぜ死なないんですか？
飛鳥　いや、死ぬんだけど、寿命が1000年ぐらいある。でも、表にはあまり出てこない。太陽光線に当たると早く死んでしまうから。
でも、太陽光線さえ気を付けていれば200年ぐらいは生きると思う。

北海道には本物のラストエンペラーもいる！

山口　そういえば、アメリカの都市伝説で、セレブやハリウッド俳優が超長寿で何度も若返っているという話があるんです。たとえば、ニコラス・ケイジとそっくりの顔の人が18世紀の写真に写っている……アメリカ独立戦争の兵隊の顔が彼にそっくりなんです。これは、僕が東スポに持ち込んだネタなんですが、それがアメリカですごい騒ぎになっている。

あとは、ブラッド・ピットが100年前の写真に出ていたとか、エディー・マーフィも昔の写真に写っている。

それで調べてみると、細胞の寿命を決定するテロメアという遺伝子のパーツが、普通の人間では消耗していくんだけど、そこが丸くなっていて消耗しない人がいるらしいんです。何億人のうちの1人ぐらいの割合でそれがいて、そういう人はなかなか死なない。

だから、飛鳥先生からアイヌのおばあさんの話を聞いたときに、やっぱりそういう人はいるんだなって思いましたね。でも、孤独でしょうね。周りの人はみんな死んでしまいますから。

飛鳥　そうだね。ちょっと話は変わるけど、北海道には本物のラストエンペラーもいるんだよ。

満州の愛新覚羅《あいしんかくら》溥儀《ふぎ》の次に皇帝の座に据えようと選ばれた男性——天皇家の血を引くある男性がいるんです。その計画は成されることなく終戦を迎えたわけだけどね。

山口　じゃあ、本当はその人が溥儀の後に即位するはずだった。

飛鳥　そう。あくまでも溥儀はそれまでのつなぎだった。

その人は今、北海道に存命で、皇室のいろんな儀式も全部知っている。向こうに行く前の準

Brad Pitt　Hermann Rorschach (1910)

Revolutionary Era Redcoat　Nicholas Cage

POPE GREGORY IX　SYLVESTER STALLONE

JOHN TRAVOLTA

EDDIE MURPHY

米国の都市伝説マニアの間では、過去の写真から、現在の有名人を見つける作業が流行っている（画像はhttp://youtu.be/gVAeFkKOF2Mより）。

備として天皇家の儀式も全部受けていて、ちゃんとその証拠の剣も持っている。
山口　そういえば、清王朝の復活をもくろむ秘密結社が中国にあって、暴れ回っているらしいですね。
飛鳥　今、中国はもうムチャクチャだよ。
山口　清王朝というのはかなりオカルティックなんです。
僕はマッサージ店のフランチャイズも経営してるんですけど、そこでお世話になっている先生が新橋にいるんですね。その人は清の皇帝に施していた治療技の伝承者なんです。
当時、皇帝の体に触れられる人は限られていて、その技を一子相伝《いっしそうでん》で伝えてきた人の弟子だ

皇帝に即位したときの愛新覚羅溥儀（大阪毎日新聞社「満洲国帝政記念写真帖」より）

というんです。

バード少将が撮影した地底世界の写真を公開！

山口　そのアイヌのおばあさんの話に戻るんですが、アメリカはその人にアラスカで何をやらせているんですか？

飛鳥　アメリカは、このおばあさんに北極へ向けて祈祷《きとう》させているんだけど、何を祈祷させているかということは、ここでは言えない。

言えるのは、松下幸之助はこのおばあさんに会っているということ。あと、糸井重里は会おうとしたけど拒絶されたといわれている。

で、八咫烏の中にもこういう200歳越えの人が複数いて、理屈からいくと、彼らは地上の人間ではなく地底から来た存在だということになる。

CIA（中央情報局）とNSA（国家安全保障局）の元職員で、アメリカの情報収集の手口を告発して話題になったエドワード・スノーデンが、地底人についてちらほら言い始めているけど、実際、地底には人類が住んでいるんです。

地底世界を流れるアルザル川（提供・飛鳥昭雄氏）

で、なぜアラスカ基地かというと、そこからバード少将が飛び立って地底世界に入っているから。これは戦後すぐのことで、僕のいくつかの本に詳しく書いています。バード少将は地底世界の写真まで撮っている。
まあ、そういう経緯があって、米軍は米軍なりに地底世界へのアプローチをやっているということでしょうね。
山口　スノーデンの情報っていうのはどこまで信用していいんでしょうか。
飛鳥　最近、スノーデンの職業が芸能人だったという話も出ているからね……。
山口　え……じゃあタレントさん？
飛鳥　あれっ、言っちゃまずかったかな？　スノーデンは喜劇俳優だったという情報が急にアメリカから出てきたんだよ。でも、これが事実かどうかはわからない。
山口　彼が諜報部員だとしても、知っている情報の中にはガセもあると思うんです。そこで、彼は真剣に情報をリークしているつもりでも、トンデモ情報を上司からつかまされている可能性もある。
飛鳥　はっきり言っておくと、スノーデンが本当のことをすべて言っていたとすれば、もう殺されています。
山口　そうでしょうね。

地底世界にはピラミッドもある！（○部分）。左上には町らしきものも見える（提供・飛鳥昭雄氏）。

飛鳥　彼は本当のことをしゃべっているつもりなんだ。でも、それは教えられたままの情報を言っているんであって、もっと話してもらっていいとアメリカは思っている。
殺されていないということはそういうこと。比率でいうと、**真実が2、カモフラージュ8ぐらいかな。**
山口　アメリカがその気になれば、どこへ行っても殺せるでしょうからね。

アメリカには電源ケーブルから入ってきてPCの情報を盗む技術がある

飛鳥　そもそも、盗聴なんてことはアメリカは昔からやっているし、今はスマホなんかでも簡単に盗聴できる。スマホにはマイクがついているからね。
山口　電源の入っていない携帯やスマホにも脅迫電話がかかってくるらしいですね。
飛鳥　かかってくる。電源を切っていても遠隔操作でONにできるから。
それと関係するんだけど、京大がiPS細胞を発表したときに、アメリカがインターネットを通して、ほとんど同じ内容の発表をして、京大はアメリカでは権利を主張できなくなった。明らかにアメリカ側のパクリなんだけどね。京大のPCは外から丸見えだったわけ。

山口　ドイツやフランスの企業がアメリカに進出して特許を申請しようとすると、それと同じものをアメリカ企業が出願しますよね。つまり、全部情報を抜かれている。
飛鳥　大事なデータは外部から遮断したＰＣで管理しないといけないんだけど、アメリカは電源ケーブルから入ってくるから防ぎようがない。それから、スノーデンがこの前、明らかにしたのは、**ＵＳＢのコネクタに仕掛けがあって、ＰＣを立ち上げた瞬間に無線で情報を飛ばすという手法。**
だから、インターネットにつないでいてもいなくても関係ない。これで、アメリカはやりたい放題に情報を抜けるんだ。
だから、**中国とロシアは国策として絶対にアメリカのデジタル機器は使わない。**特にウィンドウズなんか絶対に使わない。
山口　ある意味、アナログの方が情報漏洩《ろうえい》に強い。
飛鳥　諜報員なんかは手書きのメモや耳打ちで情報交換してる。かえってその方が安全だから。
そして、諜報員は外では絶対に上を見ない。今は大気のゆらぎなんかをクリアにする技術が開発されて、５ミリ四方の精度で撮影できるから、偵察衛星で個人を識別できる。
それから、**１キロ先の蚊の目を正確に射抜くことのできる「サトカ／ＳＡＴＫＡ」という技**

術もすでにある。もうそういうことになっているんだ。
山口　そういうデジタルな仕掛けと並行して、霊的な仕掛けをやってくるのがアメリカ流のやり口ですよね。ただ、アシュケナージ（白人系ユダヤ人）のやる霊的な仕組みというのは、お里が知れるというか、霊性がついていってないと思うんです。
まあ、戦後、日本人の霊性もだいぶ低くなっていますが、やっぱり、日本人がやるのとアメリカ人がやるのとでは絶対に霊的な仕掛けが違ってきますから。
飛鳥　合理主義じゃ絶対に霊的なことはわからないからね。
山口　わからないですよ。でも、我々日本人は感覚的にわかるじゃないですか。

歌舞伎と相撲の不祥事により日本の霊的結界が破壊された

飛鳥　相撲の仕切りだって合理主義からいったら何の意味もない。アメリカ人に言わせると、陸上みたいに鉄砲の合図でやった方が公平だろう、となる。
山口　あそこからもう戦いが始まっているということがわからない。
飛鳥　まったくわかってない。

それからおもしろいことに、アメリカ人にコオロギとスズムシの鳴き声を聞かせても連中はその違いがわからなくて、全部、雑音にしか聞こえない。ワビサビとか哀愁という感覚がほとんどないんだ。
山口　最近は日本人も霊性が下がってきたから、花火の音がうるさいという若いヤツがいるんですよ。
飛鳥　あれ、いいのにね。

山口　遠くから聞こえてくる花火の音って情緒あるのに、あれを雑音だというヤツがいる。
飛鳥　コンピューターゲームで育った子どもは、電子音がある意味「自然の音」であって、キャンプ場で聞こえてくる小川のせせらぎの音が怖いらしいよ。
山口　そういう風に日本人の霊性が落ちてきているっていうのは、歌舞伎と相撲にも関係してるんですよね。
3・11の前、市川海老蔵さんが殴られたり朝青龍が暴れていたりと、歌舞伎と相撲の世界で不祥事が重なったたから、僕は「これは日本にトンデモないことが起きる」って言ったんですよ。そうしたら、本当に3・11が起きて大騒ぎになって、それ以来、『たかじんのそこまで言って委員会』（読売テレビ系列）に出してくれなくなった。

日本では、歌舞伎は睨《にら》みを利かせて霊的な結界を張り、神を降ろす「神芝居」をやってきたんですよね。その歌舞伎役者がチンピラに殴られた。

相撲だって本来、地鎮祭の代わりに四股《しこ》を踏み、手拍子を打って神を召喚《しょうかん》して、丸い宇宙の中で戦う神事なんですから。

飛鳥　以前、大阪の女性市長が土俵に上がるとか何とかいって揉めてたね。

山口　本当にバカですよね。
飛鳥　相撲は神道であり、その要が男性の職務で、女性は巫女として支える歴史も知らない。もうとにかくおかしなことばかり起こってきて、ドカンだった。
山口　そうですね。
阪神大震災のときも「神相撲」といって古式相撲の取り組みがあったぐらいなんです。だから、**相撲が元気であれば日本という霊地は守られるんですけど、それがちょっと……。**最近の相撲取りは上位が全部外国人ですからね。
飛鳥　ちょうど、3・11の直前は不祥事が連続して起きていた。

朝青龍の土俵入り。相撲は本来、こうやって地鎮祭の代わりに四股を踏み、手拍子を打って神を召還する神事だった。

山口　八百長疑惑もあったりして。
飛鳥　横綱は外国人ばかりで大関も外国人、日本人力士は不祥事続きで、もうグチャグチャ。
山口　相撲取りは記紀に登場する天手力男神《あめのたぢからおのかみ》の末裔ですからね。それが八百長騒動じゃまずい。
飛鳥　だから、神道の根幹が腐るとこの国はダメになるということなんだ。
富士山もこれまではゴミの山だったから世界遺産になれなかったでしょ。とにかく、一番大事な要《かなめ》の部分が全部総崩れだった。

2013年の式年遷宮は日月神示の予言成就の合図だった

山口　ただ、神道的にもこれから日本は良くなっていくんじゃないですか。2013年は伊勢神宮と出雲大社の式年遷宮が60年ぶりに重なった年でしたが、これによって日本が良い方向へ変わると思うんです。
僕は伊勢の遷宮に行きましたけど、とても良かったですよ。
飛鳥　遷宮はこれまでも重なる可能性はあったんだけど、応仁の乱などで翌年に先送りにな

天岩戸神社西本宮（宮崎県）にある天手力男神像

り、結果的に合わなくて、終戦直後の60年前に大混乱の中で初めて重なり、今回が2回目で初めて正式な遷宮が可能になった。20年ごとにやっていた伊勢神宮の式年遷宮が戦時中に延期されたことで、両者のタイミングがぴたり合った。

しかし、60年前の式年遷宮の一致は偶然のたまものだから、サイクルが一巡したという本来の意味での遷宮の一致は今回が初めてということになる。

この遷宮が終わった後に生まれる天皇が本来の平安京の道統《どうとう》の心棒をきちんと立てることになるだろうね。そして、それによっていろんなことがきちっとなる。

ただ、それと同時に、そのきちっとに見合わない人たちが消えていく。出雲大社が陰（＝月）で伊勢神宮が陽（＝日）であると見なすなら、その遷宮が一致することは「日月」となり、日月神示につながる。つまり、日月神示とはこのときのための予言なんだ。

山口　なるほど、そう考えることができる。

飛鳥　そして、日月神示に書かれた飢饉が起きてくる。もうすぐ世界的飢饉が起きる。

日月神示には日本人の3分の2が餓死するとあるから、日本では8000万人が餓死することになる。一方、「聖書」では世界の人々の3分の1が死ぬとあるので、日本人はその倍の比率で死ぬことになる。

いかに油断しているかということ。だから警告する日月神示が与えられているわけ。

それが終わると伊勢神宮でいう「蘇民《そみん》将来」で復活するんだけど、そこまでは何とかして生き残らないといけない。そのためには飽食の時代の今、食糧の備蓄が必要なんだ。
山口　「大難を小難に」という考え方が神道にありますから、歌舞伎や相撲の復興も含めて、日本人が霊性を発揮すれば、たぶん、そんな大きな災害は起きなくて小さなもので済むと思うんですよね。
その食糧難というのは東京直下型地震と連動してくるのか、第3次世界大戦と連動するのかわかりませんけど、そのときに日本人の本当の姿が見えてくるでしょう。
おそらく、白人は戦慄《せんりつ》していると思うんです。東日本大震災でもパニックにならず、整然と待つ日本人にビックリしたと。阪神をやっても東日本をやっても、そのたびに復興してくる。それに対する恐怖心は耐え難いものであるはずです。
飛鳥　そのときにどうするかというと、今度は東南海地震を起こしてくる。
山口　来るでしょうね。
飛鳥　30万人以上の被害者が想定されているこの地震を狙ってくる。
山口　そういう意味では、シルクロードの端と端……イスラエルにいる真正ユダヤと日本人がその端と端をつないで、世界に平和の根を張れたら何かそこに違うものが出てきて、自称ユダヤ人のアシュケナージとか選民思想に取り付かれた連中の目を覚まさせるきっかけになると思うんです。

日本と韓国の対立は7世紀の白村江の戦いにまでさかのぼるほど根深い

飛鳥　最近の流れでちょっとおもしろいのは、小泉純一郎が「原発反対」と言い始めたことだよね。おまえが言うか、とは思うんだけど。
山口　あれ、何でしょうね？
飛鳥　罪悪感があって罪滅ぼしのつもりなのかな。もちろん、それは希望的推測だけどね。
山口　小泉さんって今では自民党の中でバカにされているらしいんです。もうOBだし。それで何かカチンとくることを言われて、「俺はまだ現役だ」ということを示すために、ああいうパフォーマンスをしたという話も聞いています。
飛鳥　言ってることは一応理屈に合っているんだけど、急に言い始めたからね……。これは自民党がよくやる手口というか選挙戦術なんだけど、拮抗《きっこう》する選挙結果が予想される場合、わざと相手側と同じ主張をする人間を立てて相手側の票を分断するんです。結果、票が割れて自民党の圧勝。結果的に反原発潰しに貢献したわけ。

さらに小泉の場合、自分が出ずに、殿様育ちの細川を推している。これだけでも相当に怪しい。自分は傷つかないから。

さらに穿《うが》った見方をすれば、将来を見越して小泉の息子の総理への道筋をつけたというわけ。

山口　橋下さんがアメリカのエージェントとして雇われようとしていたのが、ちょっともうミソがついてダメになったから、また新しい手先を探しているんじゃないですか。

橋下さんは「水道の自由化」なんて言ってましたけど、ライフラインを第3セクターに任せることの異常性がわかってないんでしょうね。そういうことも含め、もう賞味期限が切れたんじゃないかという気がします。

僕は、彼もサンカ衆とアメリカの流れと、同和つながりで出てきたんじゃないかなと思うんです。**アメリカは、在日朝鮮人や被差別民の人間を芸能界や政財界の上層部に送り込み、マイノリティに一般の日本人を支配させるやり方をとってきてますから、橋下を持ってきたのもその一環ではなかったのか、と疑っている。**

飛鳥　韓国などは、「今の天皇陛下は朝鮮人なんだから、日本を支配しているのは韓国なんだ」という論法でくるよね（笑）。

山口　日本と韓国の戦いというのも、考えてみれば新羅《しらぎ》VS百済《くだら》の戦いなんです。百済があった

地域は現在、全羅道《ぜんらどう》と呼ばれていて、ソウルの連中はバカにしてる。済州島もそうでしょう？彼らは、そういう全羅道（＝百済）の連中が在日朝鮮人として日本に来ているとして、在日のこともさげすんだ目で見ている。

一方、日本で差別されたサンカ衆が日系人としてアメリカに行っている。そのように、差別を受けている人たちが異国に移住するという流れが確かにあるんだと思えますね。

考えてみると、百済が滅亡したときに日本の人口が数万人のところに数千人の百済人が来て混血しているから、日本人にはまんべんなく百済の血が入っているのは間違いない。だから、今の日本と韓国のいさかいは、7世紀に起きた新羅VS百済の白村江《はくすきのえ》の戦いの再来なんですよ。

飛鳥　そこまでさかのぼる？

山口　その延長線上ではないか、と思います。ただ、もともとは遠い親戚なんだから、そうケンカすることもないんですけどね。べたべたする気もないけど、向こうがもうちょっと歩み寄ってくれるといいんですが。

飛鳥　いや、連中は歩み寄らない。絶対に歩み寄らない。だって、歩み寄ったら最後、日本に同化されちゃうから。

というか、私は朝鮮民族と大和民族はまったくの別物と思っているから。中国の歴史書『三国志』の中の倭国（古代日本）について記した「魏志倭人伝」の他にも「魏志韓伝」があり、そこに秦人（秦氏のこと）が大挙して朝鮮半島に押し寄せ、馬韓から奪った土地に「秦韓」「弁韓」を興したとある。

魏の人間が、秦人の特徴を馬韓と風俗習慣がまったく違うと記している以上、朝鮮民族と秦人が同じ民族とは思えないんだ。私は秦氏を大和民族だと主張しているけれど、実際、秦氏の特徴は新羅様式で、馬韓から半分を奪い取った側で、やがていなくなっている。

京都の元伊勢「籠神社《この》」の極秘伝には、神の一字を持つ男女はすべて同一と記されてある以上、「神武＝崇神＝応神」はすべて同一で、神功皇后まで同一とする。三韓征伐に向かう途中、神功皇后は男武者に身を代えたとあるからね。

なぜ神武が神功皇后になる必要があったかといえば、日本海を西（陰）に向かうので女性にしたわけ。

さらにいえば、神武は半島に残した兵の家族と技術集団を呼びに戻ったのであり、半島と戦争しに向かったのではない。時代が違うという主張も、「神武＝崇神＝神功＝応神」で木端微塵《こっぱみじん》となる。

秦氏が大挙して日本にやってきた時代の天皇が崇神と応神なので、神武と一緒に渡来したことになる。

結局、「馬韓＝朝鮮民族」への系譜があるように、「秦氏＝大和民族」の系譜もある。馬韓は秦人を相当嫌ったとあるが、力量の差で秦人に従わざるをえなかった。
大和民族は日本列島に渡った際、領地をすべて馬韓に返し、その後も支配しなかった。そんな歴史を足蹴《あしげ》にするのが今の韓国で、日本にパラサイトするくせに、韓国が上だとわめき散らす。
山口　そうでしょうね。結局、アメリカの犬だったり、中国の犬だったり、日本の植民地になったりした民族ですから、やっぱり誰かに媚《こ》びてないと生きていけないんでしょう。
飛鳥　中国と日本にいつも挟まってきたからね。これをサンドウィッチ国家という。
山口　いまさら独立独歩ではやっていけない。
飛鳥　いずれにせよ、アメリカが在日朝鮮人に日本を支配させているという話と、韓国が「日本の支配者は韓国」と自称している話は、ちょっとニュアンスが違うんだよということはわかっておいた方がいいよね。

第2章

3・11と原発事故の闇を暴く

「と学会」は「勝った戦」しか発表しない

山口　9・11にしても、3・11にしても、その陰謀論について「と学会」が全面否定しないことに疑問を感じるんです。僕は、「と学会」に知人や友人がいるし、彼らなりには頑張っているなーと思うんですけど、「勝った戦《いくさ》」しか発表しないのが気にいらない。
インチキやヤラセだとはっきりわかったオカルト事件だけを得意げに発表して、「オカルトを論破した！」と宣言するのはアンフェアだと思うんですよね。
これはいずれ会長の山本弘さんにも言おうと思うんですけど、フェイクなのか否なのかわからない問題に挑んでこそ、「と学会」の真骨頂が発揮されるんじゃないですか、と。
飛鳥　なるほどね。
山口　あれほど頭のいいMさんにしても、「9・11には一切疑惑がない」という風には断言していない。ということは、Mさんほど頭のいい方でも断言できないことがあるのであって、そうなると、「と学会」が笑い飛ばしてきた陰謀論というのも、すべてがすべて否定できるものではないんじゃないか。
彼らのズルいところは、オカルト肯定派と否定派のどちらもがインチキだと認めていることを取り上げて、一般の人に「どうだ『と学会』は最強だ」みたいに主張することなんです。だから、僕が言いたいのは、９・11や３・11の陰謀論を全否定してくださいということです。そして、もしそこに少しでも陰謀が入っていたら、「と学会」を解散してくれと言いたい。それこそ、「と学会」が命がけでやるべき仕事でしょう、と。
断言できないものには手を触れず、断言できる幼稚な陰謀論だけを論破して喜んでいるようであれば、「と学会」に明日はない。
飛鳥　というか、「と学会」ってまだ活動してるの？
山口　やってますよ。
飛鳥　やってるんだ。最近、全然聞こえてこないから、もう消滅したのかと思ってた。ああいう人たちは必ず内部分裂して食い合うようになるのが常だから。
山口　大会のチケットは売れているみたいです。
飛鳥　ただ、本があまり出なくなっているから、かつての勢いはないよね。内容も一般受けしないし、マニアックすぎるのでは。
山口　昔はトンデモ本に対する愛情があった。嫌味やブラックジョークを入れていても、どこかに優しさがあったんだけど、今はそれがなくなってトゲトゲしいだけの会員が多くなったという印象を持っています。

そして、今も言いましたが、「陰謀なんてないんだ」と笑い飛ばしているわりには、命がけで陰謀論に向き合っていない。

流通大手某社の倉庫には分解された状態の核兵器が保管されているという説が

山口　だって、どう考えても陰謀はあるはずですからね。
ご存知だと思いますが、僕はかつて日本通運という7万人ぐらい従業員がいる会社に在籍していたんですね。そこでは本社の上層部直属で当時の運輸省の連中と動いていたんですが、そういうところにいる人間は陰謀論を否定できないんですよ。
「と学会」の連中は安易に陰謀を否定するんだけど、彼らはそれを否定できる立場にいない。はっきりいって、**大企業や政府が良からぬことをやっているのは事実です。ああいう国策企業が政府と組んでいろんなことをやっているのはまぎれもない事実ですよ。**
飛鳥　当然すぎるほど当然のことだよね。人間が3人、いや2人集まれば陰謀が発生すると思う。その人間が組織を作れば陰謀がないという方がおかしい。
山口　これどこまで言っていいのかな……あくまでも会社の先輩たちの噂ですが、流通大手の

N社の倉庫には分解された状態の核兵器が保管されていて、有事の際にはM重工に運び込まれて30分で組み立てて発射できるという話があります。

飛鳥　国策企業同士で連携プレーをするわけだ。

飛鳥昭雄は核武装派なので、日本はむしろ核ミサイルをアメリカの企業に発注すればいいと思う。ただし、その核ミサイルはグァム島やハワイに届かなくする。さらにアメリカと一緒に核ボタンを管理するようにすれば、アメリカも安心できる。

その核ミサイルは朝鮮半島と中国には届くわけで、一部はロシアにも届く。これでどこも日本を攻撃できなくなる。

山口　それから、3・11がらみの話もあります。

僕は29歳のとき『月刊ムー』（学研パブリッシング）でデビューしたんですけど、39歳まで は日通でサラリーマンとして勤務していたんです。それで、これは、チャンネル桜でも話したんですが、日通の関東支部のときに東京電力の火災訓練の担当だったんです。その訓練では海から放水して火を消して、電源がやられたときのために移動用電源装置を低床《ていしょう》トレーラーで持っていくんですね。

そこで、僕が東電側に忠告したのは、大地震で道があちこち壊れているところを低床トレーラーは通れないですよ、ということなんです。

フローティングクレーン（クレーン船）といって、船に乗せて台船で引っ張っていくという手もあるんですけど、たぶん港に接岸することはできない。だから、**東電の各発電所の中に低床トレーラーとフローティングクレーンと移動用電源装置を常備しておかないと危ないですよ、と指摘したんですね。**

ところが東電の連中は全然聞く耳を持たないし、訓練なんていうのも毎年行う儀式のようなものですよ。

そうしたら案の定、3・11のようなことになった。会見で謝っているようなヤツらってみんな知っているような顔ばっかりですよ。

つまり、結局のところ、3・11の原発事故は起きるべくして起きたことなんです。大企業の手抜きが生み出したものです。
飛鳥　本当、あれは人災以外の何物でもない。この国は危機管理の対極にある官僚主義に支配されていて、東電にも霞が関の官僚が天下っていた。
山口　当時、運輸省の連中と打ち合わせをしていると、連中からは「我々大企業と官僚で国民をうまく誘導していきましょう」とか、「しょせん、国民はバカだから」とかそういう話しか出ない。そんなものなんです。

フローティングクレーン

トラックを載せた低床トレーラー

だから、「と学会」の連中はそういう場に行ってみなさいよ、と言いたい。大企業や官僚は平気で手抜きも隠蔽《いんぺい》も謀略もやっているし、ライバル企業を潰すためにはエゲつないこともやる。

それを彼らは知らないから、あまりにも幼い発想しかできないんでしょうね。

東電役員が耽溺《たんでき》する悪魔崇拝儀式の跡が発見された！

山口　ところで、東電の中では悪魔崇拝が流行っているらしいですね。
飛鳥　えーっ、本当に？
山口　『妖怪草子』（心泉社）という本を僕が作ることになって、いろんな人に怖い話のインタビューをしてたんですよ。で、有名な格闘家のSさんにインタビューしたときに聞いた話では、事務所兼道場にする物件を探しているときに、妙な物件に当たったことがあると。
飛鳥　妙な物件ね。
山口　そこは1階が元レストランで、2階と3階が居住スペースだったので、1階を道場にして上の階を事務室にするといい、という話になった。

ところが、1階はオシャレなレストランなのに2階に上がったら魔法円が描かれているんです。アンティークなデザインとして描かれているんじゃなく、供物《くもつ》をそろえた後など、ガチで召喚魔法をやっていた形跡がある。

で、Sさんが不動産屋に「これ、何ですか?」と聞いたら、「何か、悪魔を呼んでいたみたいです」と。で、3階に行くと、神でも仏でもない何者かを祀っている部屋があった。たぶん、ルシファーだと思うんですけどね。

それで、Sさんがビックリして「これ、誰の物件なんですか?」と聞くと、東電の役員の奥さん名義の物件ですという。つまり、東電には悪魔崇拝をやっている人が役員の中にいるとい

出口王仁三郎（昭和5年5月、亀岡にて）

うことです。

飛鳥　なるほど、そういうことか。

山口　だから、3・11の事故があったとき、僕は「東電は日本人を悪魔への供物として差し出したんだな」と感じましたよ。つまり、**東電の連中が崇めている「原子の光」こそがルシファーなんです。**

ただ、ルシファー崇拝そのものは決して悪いことではない。僕は「艮の金神」の正体はルシファーだと思っていて、結局、出口王仁三郎の系列と悪魔崇拝の連中が手を結ぶとすれば、ルシファーと艮の金神がイコールになった日だと思うんです。とはいえ、その力の扱い方を間違えた人間が東電の中にいたのは事実ですよね。

後に関西電力の有力な人物と話をしたんですが、東電の中で怪しげな宗教が流行っていて、それに入った人間が出世すると言ってました。それについて関西電力の方では、「あれはまずいよね」という言い方をされているようです。

郵便はがき

料金受取人払郵便

新宿局承認

7297

差出有効期間
平成29年12月
31日まで
(切手不要)

1608791

843

東京都新宿区新宿1－10－1
(株)文芸社
愛読者カード係 行

お名前《ふりがな》		明治 大正 昭和 平成 年生 歳
ご住所《ふりがな》	□□□-□□□□	性別 男・女
お電話番号	(書籍ご注文の際に必要です)	ご職業
E-mail		
ご購読雑誌(複数可)		ご購読新聞 新聞

最近読んでおもしろかった本や今後、とりあげてほしいテーマをお教えください。

ご自分の研究成果や経験、お考え等を出版してみたいというお気持ちはありますか。
ある　ない　内容・テーマ(　)

現在完成した作品をお持ちですか。
ある　ない　ジャンル・原稿量(　)

書　名					
お買上 書　店	都道 府県	市区 郡	書店名		書店
			ご購入日	年　　月	日

本書をどこでお知りになりましたか?
1.書店店頭　2.知人にすすめられて　3.インターネット(サイト名　　　　　　)
4.DMハガキ　5.広告、記事を見て(新聞、雑誌名　　　　　　)

上の質問に関連して、ご購入の決め手となったのは?
1.タイトル　2.著者　3.内容　4.カバーデザイン　5.帯
その他ご自由にお書きください。
(　　　　　　　　　　　　　　　　　　　　　　　　　　　)

本書についてのご意見、ご感想をお聞かせください。
①内容について

②カバー、タイトル、帯について

弊社Webサイトからもご意見、ご感想をお寄せいただけます。

ご協力ありがとうございました。
※お寄せいただいたご意見、ご感想は新聞広告等で匿名にて使わせていただくことがあります。
※お客様の個人情報は、小社からの連絡のみに使用します。社外に提供することは一切ありません。

■書籍のご注文は、お近くの書店または、ブックサービス(0120-29-9625)、セブンネットショッピング(http://www.7netshopping.jp/)にお申し込み下さい。

「東日本大震災＝原爆による人工地震」説はありえない！

山口　東京新聞に原発作業員のインタビューが載ってますが、3・11の津波の後、原発をチェックしたら異常がなかったというんですよね。ところが、チェックの後、数時間後に異常が発生したという。

これは、どこかのエージェントが爆破したから、あるいはほかの理由で壊れたんじゃないかなという気がしますね。それが何なのかはよくわからないですけど。

××さんが主張する人工地震というものではないとしても、あの地震の背後にはドス黒いものがある――それはそう思いますよね。

飛鳥　××が言ってるのは原子爆弾による人工地震ね。「ちきゅう」という掘削《くっさく》船（地球深部探査船）で穴を掘って原爆を埋めた、と。

でも、震源のところまで穴を掘るには1ヵ月以上かかる。で、ドリルで穴を掘っても、そこにドリルがあると原爆をセットできないから、それを抜いていく作業が必要で、これにも時間がかかる。

そこからさらに原爆をセットするとなるとトータルで3ヵ月近くはかかる。ところが、地震前の「ちきゅう」にはそういう動きは見えない。
そこだけで、もう××の説は崩壊してるんです。それに震源地も3ヵ所だったし。「ちきゅう」はそんなに長く三陸沖にいなかった。
山口　彼と変な牧師さんが言ってますよね。
飛鳥　ああ、△△さんね。あいつはペテン師かもしれない。
山口　教会側が、懺悔《ざんげ》して告白した人の秘密を暴露しちゃうって……。
飛鳥　限りなくグレーゾーンだけど、厳密にいえば守秘義務違反と言われても文句を言えない。
山口　クリスチャンとして全然ダメでしょう。
飛鳥　名前を言わなければいいという話じゃなくて、逃げてきたこととか自衛隊ということも言っちゃダメ。牧師はそういうことは言っちゃダメなの。もう話にならない。
山口　あそこで懺悔したら全部口外されちゃう、ってなりますよね。
飛鳥　彼の言うことが嘘と断言できるのは、彼が「ちきゅう」の構造を知らないから。震源が3ヵ所あることを考えれば、そのすべてに原爆を仕掛けるには半年以上もかかるんだ。
確かに、太平洋戦争末期のアメリカの戦略にそういうのもあったんだけど……。
山口　人工地震による津波で日本にダメージを与える、という。

飛鳥　そういう計画はあった。でも実際は当時の技術では無理だったからできなかった。それを今風に置き換えたのが牧師の△△の説であって、それを××が信じた。

HAARPと人工衛星からのプラズマ弾を使えば地震を起こせる！

飛鳥　それはそれとして、3・11の前日にアメリカのボランティア団体から警告が来ていたのは事実なんです。アラスカのHAARP（高周波活性オーロラ調査プログラムの略。気象兵器であるとも噂される）を常時観測している民間団体があって、あの地震の前日に強力な超長周波を検出したんだね。
それで、そのときの電離層の状態から考えて日本が危ないとわかった。三陸沖まで予測していたんだ。
山口　ネットに観測結果が発表されてますよね。
飛鳥　そう、出ている。これはインターネットで公表されている。
山口　じゃあ、飛鳥先生はHAARPを使ったと考えている？
飛鳥　まずはHAARPを使っているんです。これは超長周波だから水中に入っていける。

数千メートルは入っていきますよ。すると、地殻を1秒間に2万回振動させられる。

人工地震は『ディスカバリーチャンネル』でも『ナショナルジオグラフィック』でも紹介されたことで、アメリカじゃ当たり前なんだけど、超長周波の簡単な発生装置をトラックに積んでスイッチを入れるとすぐに地震を起こせます。

山口　じゃあ、日本の地震もスマトラの地震も、アメリカが超長周波を使って起こしたと。

アラスカ州ガコナにあるHAARPのアンテナ群

飛鳥　超長周波に加え、軍事衛星を連動させてプラズマ弾を打ち込む。プラズマ弾というのは核兵器と同じような衝撃波を起こすから、それが原爆の爆発のように見える。
××さんたちが注目しているのは、あの地震のときに核爆弾が起きたような振動が観測されたことなんだけど、実はそれはプラズマ弾の衝撃波なわけ。
プラズマ弾は海中を潜っていくにつれて減衰《げんすい》していくけれど、それで、プレート境界にドーンという衝撃を与えることができる。ＨＡＡＲＰで秒間２万回振動させているところに、これを当てると一発で地震を起こせるんです。
山口　となると、現時点ではロシアから奪った原爆を爆発させたという説と、ＨＡＡＲＰ説があるということになる。
飛鳥　核爆発は超短波を出すんだけど、それはプラズマ兵器の特徴でもある。だから、今の常識でいうと超短波が計測されたら核兵器が使われたことになるわけです。しかし、実際はプラズマ兵器の超短波だった。

香取神宮と鹿島神宮が東京の津波被害を食い止めた

山口　なるほど。それで、日本を狙った目的というのは結局のところ何なんですか？
飛鳥　東京。**本当は東京湾まで津波が押し寄せ、湾内で反射し合って三角波になり、東京もアウトになるはずだった。ところが、プレート境界の崩壊が千葉県沖のところで途中で止まった。**
山口　あれは、何で止まったんですかね？
飛鳥　香取神宮と鹿島神宮。
山口　やっぱり、アレですか……武甕槌神《たけみかづちのかみ》が止めた。
飛鳥　冗談抜きで、三陸の神社という神社は全部助かっているんです、あの地震で。海にあった鳥居や祠は別としても、神社は全部助かっている。
どういうことかというと、諏訪大社には春宮《はるみや》というのがあり、そこで毎年1月14〜15日に筒《つつ》粥《がゆ》神事という儀式を行っている。これは本来、農作物の収穫を占う神事なんだけど、2011年のときには、「かつてない出来事が起きて春に日本は足をすくわれる」という結果が出た。
さらに、そのとき最悪なことに、「三分五厘」という言葉も出た。これは「三行半《みくだりはん》」ということで、主《あるじ》から絶たれる、神から絶たれるということ。

最悪なんです。で、あの地震が起きた。

山口　なるほど。予言されていた、と。

飛鳥　さらに、大震災直後の4月4日には、出雲大社で日本最大の大きさの国旗が縦に裂けるという出来事が起きた。出雲大社の祭神は大国主だけど、大国主は実質的に素戔男尊《すさのおのみこと》とイコールだから、黄泉《よみ》の国、つまり死者の国と関わりがある。

そこで、出雲大社で国旗が裂けたという出来事は、大震災で2万人以上が亡くなった（行方不明者を含む）ことを象徴することになる。

で、知っていると思うけど、出雲大社も諏訪大社も同じ物部系の神社なんだ。それを線で結んで、それをずっと延ばしていくと香取神宮と鹿島神宮に行き着く。この2つは藤原氏の神社として知られてるけど、元は物部系の神社。

それで、鹿島神宮には地震を抑えるという「キー・ストーン（要石）」が置かれていて、これは一説には地球内部まで続いているという石なんだ。

山口　水戸黄門が7日7晩掘っても掘り出せなかったという石ですよね。鹿島と香取で凹と凸の石が対《つい》になっていて、合わせると整合するとか。

飛鳥　そうそう。この要石には「地震をそこで止める」という意味があるんだけど、不思議な

鹿島神宮の要石

ことにあの地震のときには、まさにその鹿島神宮の沖の方でプレート崩壊が止まって、東京にはたいした被害が出なかった。

下手をすると、あと2ヵ所ぐらい崩壊して東京湾にも津波が押し寄せていたわけだから、それを思うとまさに「要石」が地震を抑えてくれたといっていい。

在日米軍は3・11の10日前から津波に備えていた

山口　でも、アメリカはどうして日本を仕留める必要があったんですかね。

飛鳥　当時、経済大国世界第2位であった日本を潰す。同時に経済危機に陥っていたヨーロッパをひっくり返す。

すると、必然的にアメリカ国債を大量に保有する中国も潰れる——そうすれば世界恐慌を起こせるということなんです。

世界恐慌を起こすことで、アメリカは「新しい世界秩序を作る」という名目で膨大な借金をチャラにする。で、同時に何をするか？

前の戦争もそうだったんだけど、世界大恐慌の後には必ず世界大戦が起きる。そのために、日本をまず血祭りに上げようとしたんだけど、千葉沖で地震が食い止められてしまった。
山口　どうなんですか？　日本の半分を中国に取らせて、半分をアメリカが統治するという案があるようですが？
飛鳥　ああ、「日本分割論」ね。
山口　最近、言われてますよね。**西日本が中国のナントカ省になり、放射能にまみれた東日本だけが日本人が住める日本自治区になるという計画が。**
飛鳥　実は、アメリカにはそういうプランが山のようにあるんです。いろんなプランがある。その中の一つにすぎない。
たとえば、自衛隊がアメリカ軍に逆らったときのためのプランもある。つまり、在日米軍の基地に埋められた地雷というのは対自衛隊用なんです。だって、アメリカ軍にはカナダと戦争するときのためのプランまであるんだから。
山口　あらゆる可能性を想定している。
飛鳥　そういうことです。そういう国を相手にしているということを、日本人は知っておく必要がある。
山口　東日本大震災の被災地に派遣された自衛隊の友人に聞いたら、地震から３日後にアメリカの空母が救援物資を積んでやってきたことについて、自衛隊の中でもおかしいという声が上がっているというんですよ。

飛鳥　準備万端整っている。いいように解釈すれば、アメリカはそういう大災害をいつも想定し、日本はまったく想定していないことになる。だから「想定外」「未曽有」を平気で使う。

あれは言葉的には大恥なんだけど、能力のない人間ほど自己弁護のために乱発するわけ。しかし、ア

メリカの場合は危機管理を通り越え、それを悪用する場合もある。
山口　なんで毛布や食料を積んでいるんだと。あらかじめ、起こるのがわかっていたんじゃないかと。そういう指摘があったようですね。
飛鳥　沖縄の名護にある米軍基地で働いている人がいるんだけど、実は3・11の10日前から津波への警戒態勢に入っていたというんだよ。沖縄の海岸線で津波到達が想定されるところに杭が打ってあって、米兵は絶対にそこから先へ行かないように指示されていた、と。
山口　アメリカ人にそういう通知があったという説はありますね。
飛鳥　これは中に勤めている人間の証言なんだ。一兵卒はなんでそれをやっているのか知らなくても、トップの連中は何が起きているのかをすべてわかっている。

山口　それに、地震が起こる前に韓国がヨウ素を買い占めてます。計画を知っていて、自分たちも被曝する可能性があると思ったから買ったのかもしれませんね。

芸能界・出版界の連絡網に走った「避難勧告」

飛鳥　地震が起きた後、原発から80キロ圏内のアメリカ人に避難勧告が出たけれど、本当は300キロのはずだった。それに、３・11の１週間後、横須賀に停泊していた第7艦隊の旗艦空母「ジョージ・ワシントン」が逃げてるんだけど、それは、ものすごい放射能を観測したからなんだ。

セシウムはもちろん、プルトニウム、ストロンチウム、それからウラン等々。これらが雨霰《あられ》と降ってくると航空母艦が放射能汚染され、よその国に寄港できなくなる。だから、空母が逃げたということは、あのときの横浜は恐ろしいことになっていたということなんです。

山口　そうですよね。
飛鳥　で、福島第一から横須賀までラインを引くと、東京もアウトなんです。特に銀座は放射能汚染がものすごいことになっていたはずなんだ。
山口　原発が爆発したことが最初は隠蔽されていたじゃないですか。
で、僕は一応、芸能プロの社長でもあるわけです。それで、芸能界には連絡網があって、そこに「早く逃げた方がいい」と連絡が回ってきた。キノコ雲が上がったときに、あるテレビ局と芸能関係のところからそういう連絡があったんです。
飛鳥　あれは火花が起きた後で、黒色のキノコ雲が上がった以上は核爆発です。確か出版界でもそういう連絡が回ったはず。
山口　結局、一般のサラリーマンの人は死んでいいのかという話ですよね。
飛鳥　死んでもいい。日本の上の連中はそう思っている。
山口　ともかく、**制作会社とか芸能プロの社長のところにそういう連絡が回った。「山口さん逃げた方がいいよ。今、茨城がレベル3までできていて、翌日には千葉までくるから、今からなら間に合う」と。**
飛鳥　放射能のホットスポットですよ。僕が今住んでいる茨城県の牛久《うしく》もホットスポットなんだけど、なぜ逃げなかったかというと、事故から1週間のほとんどは事務所をシェルターにして外に出なかったから。
山口　ああ、なるほど。
飛鳥　それで、放射能汚染の報道についても陰謀がある。あのね、今、日本はセシウムのことしか言わないんだよ。
山口　言わないですね。
飛鳥　最初はプルトニウムとかストロンチウム、ウランのことも言ってたのに、ところが今はセシウムのことしか言わない。
ストロンチウムなんかいったん骨に入るとずーっと放射線を出すんだから、子どもは確実に小児がんになります。もうそろそろその現象が起きてくるはず。
山口　もうすでに、小児がんの発生率が上がってきてますよね。
飛鳥　もう、起こっている。死んでいる子もいるし、奇形児も生まれ始めた。チェルノブイリ事故で小児がんや奇形が明確になりはじめたのが３～４年後ですから、もうそろそろ始まっていますよ。

ＰＭ２・５問題と風疹流行が、放射能被害を隠すために使われる

飛鳥　ところが、ちょうどいいタイミングでＰＭ２・５の問題が起きてくる。「これは中国の高度な汚染物質で、それが妊婦の体に入ると胎児の体に悪影響が起きる」と大騒ぎになった。しかも、最初は西日本だけだったのに、最近は関東まで飛んできているという。
でもね、このＰＭ２・５は実は20年前から飛んできている。つまり、**中国から汚染物質が飛んでくるのは今に始まったことじゃないのに、最近になって急に現れたみたいに騒いでいるわけ。**
山口　こいつに悪役をやってもらおう、と。
飛鳥　もっとすごいのは、２０１３年の春過ぎから急に、風疹が30倍の勢いで広まっている。これは意図的に風疹のウイルスがバラ撒かれたという証拠なんだ。風疹というのは胎児に悪影響があるとされているから、仮に奇形児が出ても、ＰＭ２・５のせいや風疹のせいにできるというわけ。
ちなみに、最初に風疹のウイルスがバラ撒かれたのは某プロレス会場なんです。つまり、男たちにまず感染させて、奥さんや子どもに広げていく。そういう風にして東京と大阪を中心に

一気にバラ撒かれた。
その証拠に、風疹の流行グラフは曲線カーブではなく、一気に立ち上がっている。これは人為的に何者かが広範囲にウイルスをバラ撒いた証拠なんです。
しかも、日本人って、自分に奇形児ができてもまず周囲には言わない。
山口　言わないですね、世間体を考えて。
飛鳥　ロシアはチェルノブイリのときにちゃんと調査したけれど、日本はそうじゃない。こんなにひどい先進国は世界のどこにもない。
山口　動植物の奇形はたくさん出てますから。
飛鳥　ひどい。蝶々とかいっぱいある。
牛久の近辺でも白菜が倍の大きさになった。で、それがそのまま放置され、腐って溶けていくから、エイリアンの卵みたいで気持ち悪い。

一方、収穫した農家の人は「今年は大漁だ」と喜んで隣近所に配り歩いている（笑）。
山口　それ食っていいのかなー。
飛鳥　この程度なんですよ、日本人の意識って。誰もが大本営発表を信じ切っている。きっと最後は哀れですよ。
山口　あと、耳なしウサギも出てますね。そんな風に奇形が続々と出ているのに、みんなそれを報告しない。
だから、山本太郎さんはいろいろトンデモないことを言ってるとは思いますけど、福島の子どもを疎開させようというのは、別に悪いことじゃないですよね。

「未来から来た予言者」が、3・11の前に「海の食べ物は食べられなくなる」と言っていた！

飛鳥　おそらくだけど、すでに死んでる子が相当たくさんいる。
山口　いますね。
飛鳥　甲状腺がんも発表されている数字だけじゃなくて、もっとたくさんいる。
山口　原発作業員もずいぶん死んでいるようですね。

飛鳥　死んでる。だいたい、福島第一の所長も死んだでしょ。
山口　吉田さん。
飛鳥　で、彼は前からがんだったんだ。福島とは関係ない、と政府が言っている。
山口　日本人は言霊《ことだま》思想があって、不吉なことや最悪を想定するのが苦手なんですよね。
飛鳥　苦手だし、ごまかす。まずいこともなかったことにしようとする。だから、この状況で東京オリンピックができる。
山口　「汚染水をコントロールしている」と言っちゃった。
飛鳥　湾内ですらコントロールできてないのに、それを首相が言っちゃうんだもの。本当におかしいよ、この国は。
山口　そうですよね。いったいどういう「おもてなし」をするのか、という。
飛鳥　ＩＡＥＡ（国際原子力機関）が、日本人は信用できないっていって調査に来るでしょ。そりゃあ、できないよ。アメリカ西海岸にまで放射能汚染が到達しているんだから、日本の発表が信用できるわけがない。
山口　あのー、インターネットでまた新しい「未来から来たと自称する予言者」が現れていて、また、イタイヤツが出てきているなと思ったんですけど、でも、その彼が「海の食べ物は食べられなくなるから今のうちに食べておくといい」ということを、３・11の前に言ってるんです。これは当たったとは言いにくいけど、外れたとも言えないなと思うんです。
飛鳥　太平洋の魚なんかもう食えない。食べられるのはインド洋と大西洋。あと、南太平洋。太平洋のマグロは食えないですよ、食物連鎖《れんさ》でものすごい量の放射能を蓄積しているから。ましてや三陸沖の戻りサンマなんか絶対に食えない。
山口　これからは、放射能から守られた環境下で、卵の段階から人工的に養殖したものが中心になるかもしれないですね。

オスプレイは日本と日本人を助けてはくれない

山口　ところで、実は山本太郎氏は「原発反対者はトンデモないヤツらだ」というレッテルを貼るために使われている広告塔なんだという説がありますよね。
飛鳥　彼が当選したのはガス抜きなんです。自民党が圧勝して第2次安倍政権が発足したあの選挙は明らかに不正選挙ですから、当然、山本太郎の当選も操作されたものです。
一部で報道されたように、選挙の集計システムを担当している「株式会社ムサシ」という民間業者がそれをやった。

山口　山本太郎氏の得票数の最初の3桁は「666」なんですよ。あれも、ムサシがやったんですかね。

飛鳥　そうだろうね！

選挙に関わっているのはムサシ以外に数社あるんだけど、特にムサシは安倍首相の親父が最大の大株主だったんです。それから、自民党の閣僚が4人、ここの株主になっている。

おかしいのは数字が合わないということ。1000万票ぐらい合わない。

だから、いくら選挙してもムダなんです。少なくともこれからの選挙では、何が何でも自民党が勝つようになっている。100万年でも自民党が勝ち続けるわけ。

山口　あと、あの地震で不思議に思ったのは、国際都市の仙台で死んだ白人が1人だけといわれていることなんです。同じく国際都市の神戸で起きた阪神淡路大震災では白人は1人も死んでいない。読売新聞の記事によると、一部のアメリカ人に対して前日に避難命令が出て、その彼らは逃げたという説もある。

アメリカが起こしたと断定はできないとしても、彼らは何らかの情報を持っていて、白人だけを逃がしたという可能性はありますよね。

飛鳥　同じようなことが沖縄でも起きている。

例のオスプレイというのはアメリカ市民を助けるためのものであって、日本を守るために沖縄に配置されたわけではない。韓国、フィリピン、台湾、中国本土とかにいるアメリカ人を助けるためのものなんです。

日本人は優先順位としては5番目。最初はアメリカ人で、次はアメリカ名誉市民、その次はアメリカの同盟国の中の白人で次は黒人。さらにその次が日本人。だから、何かあっても実際には日本人を助けてはくれない。

だから、日本分割論というのもありえないことではない。事実、アメリカと中国が5年前にハワイから西と東で太平洋を分割する案が話し合われています。

2007年8月、中国はアメリカに太平洋の東西分割管理を提案していた。もちろん、アメリカは全面的に拒否しましたが、同月17日付の「ワシントン・タイムズ」紙は、アドミラル・ティモシー・J・キーティング米太平洋軍司令官が訪中し、中国軍事当局者と会談した際、中国側が太平洋を東西に分割して東側をアメリカ、西側を中国が管理支配する提案をしたとすっぱ抜いた。

具体的には、「空母を開発するので、太平洋のハワイから東側をアメリカが取り、西側を中国が取るというのはどうか」と打診したらしい。11日の「上院軍事委員会」の席で、中国軍幹部の提案をキーティング大将が報告し、「冗談とはいえ、中国軍の戦略的考え方を示唆している」と語っています。

これについてアメリカ太平洋空軍のポール・V・ヘスター司令官は、「空間を誰にも譲らないのが、我々の方針だ」と述べ、西太平洋地域をアメリカ軍の影響下に置く必要性を強調しています。

つまり中国は太平洋の西に位置する沖縄どころか日本も、中国支配下に置くことを念頭に置いていることを意味する。ということは、日本はすでに中国領ということなんだ。

少なくとも中国人の頭の中ではそうなっている。いや〜、怖いね。

山口　日本人はもっとそういう現実を知った方がいいですね。

第3章

オカルト業界の「ヤバい話」

墜落したＪＡＬ１２３便を狙う自衛隊の飛行体を見たという証言が

山口　陰謀めいたヤバい話ということでは、ＪＡＬ１２３便墜落事故も外せませんね。

墜落したクルーと同じ仲間のキャビンアテンダントで、当日はたまたま非番で搭乗していなかったＡさんという女性に話を聞いたんですね。それで、仲間の無念を晴らそうと、彼女が必死に調べたところでは、墜落する前にオレンジ色の物体が１２３便へ向かって飛んでいるのを見た人がいるっていうんです。それがどうも自衛隊の飛行体らしい。

その写真を群馬の人が撮っていて、証拠品として提供していたらしいんだけど、その人が亡くなった後、何年も経ってからその写真が群馬県から返ってきた。で、調べてみるとオレンジ色の物体が空を飛んでいるのが写っている。実際、機体にオレンジ色の塗料も付いていた。

つまり、それがＪＡＬ機にぶつかったんだろうと。そうＡさんは言っています。

それから、Ａさんによると、自衛隊が生き残った人を焼き殺しているというんです。たとえば、夫婦が抱き合ったまま丸焦げになっているんですが、本当なら、飛行機の燃料って揮発性が高いから、墜落して爆発すると一瞬で焼け焦げる。で、どんなに強く抱き合っていても人間の力だと離れてしまう。

だから、抱き合っているということは、いったん墜落してから抱き合い、そこで誰かに焼かれたということなんです。で、4人の生き残りは尾根の下にいたから偶然生き残った。村人が先に見つけちゃったから自衛隊は始末できなかった。
そういうことを言ってましたね。
飛鳥　そもそも、墜落したのは実は御巣鷹山《おすたかやま》という名前ではない。つまり、救助を遅らせるために山の名前をわざと間違えた。本当は高天原山だった。
さらに、それをごまかすために、その後、あの周辺の山をまとめて「御巣鷹山連峰」という名に変えている。
山口　ああ、そうなんですか。
飛鳥　もっというと、事故後、アメリカ軍は厚木基地（後に座間《ざま》米軍基地に訂正された）からヘリを出して、すぐに墜落現場を見つけている。ところが、中曽根内閣が「戻ってくれ」と要請を出した。このことは、10数年後に救出ヘリの米兵が基地の会報の中で暴露しています。
事実、この事故で助かった例のキャビンアテンダントの女性も、事故後すぐにヘリが来たことを証言している。
山口　その米兵のカミングアウトは僕も知っています。

墜落の真の原因は自衛艦のミサイル誤射だった？

飛鳥　中曽根内閣がなぜ止めたかというと、この事故が自衛隊のミサイルの誤射によるものだからという説がある。あのとき、伊豆沖に「まつゆき」という自衛艦が一隻いて、新しい艦を引き渡す前の点検をしていたんだけど、その最中に間違って艦対空ミサイルを発射してしまったといわれている。実際、亡くなった方の手帳にも、「白い尾を引く何かが飛んできた」と書かれているからね。
これが明らかになると自民党政権が吹き飛んでしまう。だから徹底的に隠蔽した。なかなか救助を出さなかったのも、1日放置すれば生存者はいないだろうと考えたからだ。
山口　××さんは米軍が撃ったと言っていますが。
飛鳥　どちらにしても、そのミサイルが米軍製であることは間違いない。
山口　生き残りがいたというのは想定外のことだった。
飛鳥　そう。そして考えてほしいのは、米軍は被害者を助けようとしたということ。
山口　そうなんですよね。そこで日本政府からストップがかからなければ、もっと助かっていたはずなんですよ。

飛鳥　当然、日本にもそういうレスキューをやる特殊部隊がいるんだけど、「なんですぐ助けなかったんだ」と国会で追及されたときに、自衛隊は「夜中に出動する訓練を受けていなかったから」と言い訳した。
危険だから特殊部隊が昼間しか出動できないというんです。もう支離滅裂だ。
さらに、尾翼が吹き飛んで圧力隔壁が壊れたとされているけど、実際には圧力隔壁は最後まで壊れていない。なぜなら、圧力隔壁が壊れると気圧の関係で機内に霧が発生するからです。ところが、生存者の証言でそれが起きていないことがわかっている。
アメリカからボーイング社の人間が来たときに、「これは我々の責任です」とすぐ認めたけど、普通ならこんなことありえない。アメリカのような国の企業が裁判をする前に責任を認めるなんてありえないんです。
山口　普通に考えるとそうですよね。
飛鳥　実は、あの事故の半年後ぐらいに、大阪・伊丹空港行きの飛行機の中でヤクザがトイレの中で間違えて手榴弾《しゅりゅう》を爆発させたことがあって、そのとき壁に穴が開いて真っ白な霧がバーッと発生した。これがまたタイミング的に中曽根政権のときだったんだ。おそらく連中、冷や汗を流したと思うよ。
だからね、いまだに尾翼は回収されていない。日航のパイロットたちも「日本政府の見解はおかしい。圧力隔壁には穴が開かなかったはずだ」と声を上げ、自腹を切って徹底的に現地調査をしたんだけど、今でも問題の垂直尾翼だけが発見されていない。
硝煙《しょうえん》反応が出るとまずいから、闇から闇へと葬られているんだろう。おそらく尾翼は秘密裏に回収を終えていると思う。だから絶対に証拠隠蔽を図るわけ。
山口　決定的な物的証拠になりますからね。
飛鳥　結局、この件でアメリカはどういう着地点を求めていたかというと、ジャンボの欠陥部分は認めるにしても、最終的にはパイロットのせいにしようとした。ボイスレコーダーに入っていた機長の「ドーンといこうや」という部分だけをわざとリークして、あの機長はトンデモないという風に持っていった。

ところが、ある官僚が命をかけてボイスレコーダーのすべての音声を公開したことで、あの機長の名誉は守られた。ただ、最初のリークを誰がやったのかはいまだに謎なんです。

もちろん、こういう行為は、今の自民党の特定秘密保護法に引っ掛かり、その官僚の将来は抹消されます。

「宇宙人解剖ビデオ」の正体は米軍の人体実験記録だった

山口　ヤバい話といっていいかわからないけど、例の宇宙人の解剖ビデオが実はプルトニウム裁判がらみの奇形児のものだったという話がありますね。

飛鳥先生もご存知だと思いますけど、あれはテレビ朝日の元プロデューサーだったOさんが輸入したヤツなんですね。ところが、当のOさんがアメリカに行くとグレイそっくりの人が車椅子で座っている。周りの人に聞くと、「ああ、プルトニウム裁判の被害者だよ」と。

プルトニウム裁判って何かというと、原爆を落として人間にどんな影響があるかということを広島と長崎で実験して、その後、アメリカの砂漠に原爆を落としてから一個中隊を突入させて、被曝してからどれくらい戦えるかデータを取ったり、孤児院の子どもたちにプルトニウム入りのお菓子を食べさせたり、妊婦にプルトニウムを注射するとどういう奇形児が生まれるかということをやったものなんです。**そのような人体実験の結果、生まれたのがグレイのような人であって、その解剖ビデオが「宇宙人解剖ビデオ」として流通していると、そういうことなんです。**
飛鳥　いずれにしても、フェイクを流通させて真実の情報を覆い隠すというのが、連中の得意の手だからね。
それはそうと、アメリカは日本で今どういう奇形児が生まれているかを全部サーチしていて、そのデータは日本の一般市民には流れることなく、日本政府とアメリカだけに流れている。アメリカはそういう貴重なデータを欲しがっているんです。
だって、連中にすれば、近代の大都市が被曝したなんて滅多にないチャンスで、貴重なサンプルだからね。このデータをアメリカはぜひとも欲しい。**それが欲しいから東京オリンピックも全面的に支援するし、（放射能は）何も問題ないよとお墨付きを与えてくれる。本当のことを言うと都民が逃げ出しちゃうからね。**
山口　ただ、黄色人種は放射能の害を受けにくいという話もありますね。
飛鳥　何かいろいろ言われているね。ただ、それについても確かなデータがもっと欲しい。
山口　白人だともっと致命的な影響を受けるんだとか。

飛鳥　白人はある意味で遺伝子異常の白子だから。
山口　福島規模の事故だと白人ならもっと死んでいる。それなのに、日本人が死なないのはおかしいといわれているとか。
飛鳥　ただ、日本は隠蔽体質があるから本当の数字が出てこないということもある。
山口　ああ、それも考えないといけないですね。特定秘密保護法によってさらにわからなくなりますし。

特定秘密保護法と国民総背番号制で、日本国民は徹底管理される

飛鳥　特定秘密保護法はアメリカのために作ったんですよ。
山口　元海上保安官の一色《いっしき》正春さんが、尖閣で中国漁船が海保艦に衝突したときのＶＴＲを流出させましたけど……。
飛鳥　あれも、下手すれば死刑。しかも、もっと恐ろしいことになる可能性もある。
以前、自民党は防衛庁を防衛省に格上げして予算の枠を増やしたでしょう？　その次に、検察庁を検察省に格上げするはずだったんだけど、その前に衆議院選挙で霞が関改革を掲げた民

主党に負けた。

ところが今回自民党政権が復活して、これから自民党は100パーセント勝ち続ける。もう選挙から何から全部操作できるから、何をやっても勝つ。

だから石破幹事長が国会前の反原発デモをテロと見なす的な発言をしても解任されないし、麻生副総理がナチスに学ぼうと発言しても大丈夫なわけ。衆参両院で多数を占めていますから。これは戦前・戦中よりもひどい状況。

これから検察庁が検察省になるとどうなるか？　これまでは予算が足りなくて企業のみを精査していたのが、これからは国民1人ひとりをチェックするようになる。そのための住基ネットワークなんだ。

僕はこれを作った人間を知っていて彼から直接聞きました。つまり、住基ネットワークというのは単に住民票をやり取りするだけのキャパじゃないという。個人がどこへ行ったか、何を買ったかというデータや何やかんやを全部放り込んでも、なお余りがある。

これによって最終的に国民総背番号制と連動させて国民を容易に管理できるようになる。そのときに管理するのが「検察省」なんだ。そして、同時にアメリカが管理する。

要は「特攻警察」の復活なんです。戦前に戻したいんだ、自民党のジジイたちは。特にN（政治家）がそれを求めているという。

「昔は良かった。右向け右、と言えばみんな右を向いた」と。だから、昔へ戻せとヤツは言っている。だから、自民党は絶対にこれをやりますよ。
山口　やるでしょうね。
飛鳥　やりますよ、100パーセント。そして、アメリカはこれを利用する。
山口　そうなると、自民党もニューワールドオーダーの世界に組み込まれていくしかない。
飛鳥　もちろんそうなる。

わずか1秒で人格を変える装置がすでに開発されている

飛鳥　でもね、昔はアメリカに対して抵抗する人もたくさんいた。田中角栄もそうだけど、全部やられちゃった。中川昭一だってやられちゃったし。
山口　ああ……泥酔記者会見。
飛鳥　あれもおかしな話なんだよ。アメリカに楯突《たてつ》く人間はみな潰される。
山口　ホテルで首吊りというのも本当に多いですよね。
飛鳥　あれはおかしい。ホテルに泊まっている時点で自殺する可能性はないから。

山口　わざわざ自殺するためにホテルに泊まるかという話ですよね。そういうこともあって、最近、有名人は「私は自殺しません宣言」をしている人が多い。
飛鳥　しないと危ない。
それで、死ぬときには、必ずドアの取っ手にタオルか何かを引っ掛けての首吊りですよ。
山口　そんな死に方があるかという話。
刺されても痛くない針をＣＩＡが開発したというのはニュースにもなっていましたから、そういうものを使って殺しているのかもしれませんね。その後、タオルを使った首吊りに偽装する。
中川さんも前日にパーティか何かで外国人と結構握手をしたという話があって、そのときに、そういう手段で一服盛られたんじゃないか、という話もありますね。
飛鳥　アメリカはそういう技術には非常に長けている。たとえば、手の平に収まるぐらいの装置があって、これを敏太郎さんの後ろに回って作動させると、それだけで人格を変えることができる。これは、電磁波が脳に働きかけて一時的に人格を変えるわけ。
アメリカの実験映像では、大学のキャンパスを歩いている立派な紳士の教授にＮＳＡの人間が行って装置を作動させ、耳元で「おまえはホームレスだ」とささやくと、とたんに人格が変わって物乞いをし始めるんです。わずか1秒でこう変わる。

山口　実験映像があるわけですね。
飛鳥　僕が持っている。この装置を使えば、アメリカに対して都合の悪いことを言うNHKのアナウンサーが出てきたら、その人物を操作して痴漢をさせることもできる。
山口　そういう事件もありましたね。そうやって痴漢で一気に潰せる。
飛鳥　ありえない人が痴漢しちゃう。小さな装置で人格が一時的に変わっちゃうんだから、「おまえは痴漢だ」とささやけば一発なんです。
山口　ジョン・レノンが殺されたときも、犯人のマーク・チャップマンには「『ライ麦畑でつかまえて』を読むとジョン・レノンを殺す」という暗示がかけられていたんですよね。
飛鳥　よく、催眠術で殺人を犯させることはできないっていうでしょ。でも、実際はありえるんです。
それについては弾の入っていない拳銃を使った実験をやっていて、殺人暗示をかけられた被験者が実際に発砲することがわかっている。

エシュロンの傍受網から逃れるためのメール術

飛鳥　それで、NSAのその装置では人格を元に戻すこともできる。人格を変えたままなら単におかしくなった人だから、痴漢をさせた後で元へ戻す。すると、本人的にも「魔がさして痴漢してしまいました」ということになる。これでアウトなんです。
そういうことだから、スノーデンのような人間はなかなか出てこない。
山口　スノーデンはまだ生きてるんですよね？
飛鳥　生きてる。で、ドイツはメルケル首相がアメリカに盗聴されていた件で、政府の調査団をロシアのスノーデンのところへ送り込んでいる。
山口　そういえば、通信傍受施設のエシュロンについて、石原慎太郎さんが国会で質問してましたね。「三沢基地にエシュロンというものがあるというが、これはわが国としては放っておいていいのか？」と。小野寺防衛大臣の答えは「それがエシュロンだとは確認していない」という答えでしたけど。
飛鳥　それで、官房長官が「私ども日本は同盟国なので盗聴されるわけがない」とも言っていた。バカだね〜。後になって、アメリカが日本で情報収集していることがスノーデンの暴露でバレたじゃない。
山口　お人よしもいいかげんにしろ、ですよね。
飛鳥　バカなのか確信犯的な国賊なのか……。どちらにしても話にならない。こういう人間が日本を治めているかと思うとゾッとする。
山口　エシュロンがデータの流れを押さえているから、メールを打つときにも、**「イルミナ**

三沢基地にあるエシュロン傍受施設

ティ」を「イルミナティ」にしたり、「メーソン」を「Xーソン」にしたりと、わざわざ違う字にするというのが、我々の仲間内での情報交換のやり方になっているんです。
飛鳥　ところが、政治家どもはそんな工夫もせず、普通にメールを送り合ったりしている。だから、日本なんて赤子《あかご》の手をひねるより簡単なんだ。
山口　かつて徳川幕府の時代には街の乞食まで組織化されていて、「何丁目の乞食からの情報」とか、そういう感じでありとあらゆるものが組織化されていたんですよね。日本にもそういう時代があったんですが。
飛鳥　花魁《おいらん》も全部そうだった。情報網。
山口　それぐらい、今の日本もやらなくちゃダメですよ。

オウム事件に対してメディアはどれぐらい責任を取るべきか

飛鳥　ほかにヤバい話といえば……そうだな、そろそろあの話を解禁するかな。
『ムー』（学研パブリッシング）のM編集長は最近テレビに出まくっていて、アニメの声優はやるわＮＨＫには出るわで、僕をもうある意味で抜いてしまった（笑）。ただ、最初のころネットでは批判があって、要は「『ムー』といえば例のオウム事件じゃないか」と。
山口　ああ、なるほど。
飛鳥　実際、あの事件の後、『ムー』はオウムと似たようなものという見方をされて、販売部数を3分の1ぐらいにドーンと落としたようなんです。事件前は10万部近かったのが、３万部ぐらいになった。そう聞いている。そして、それからあまり伸びてない。
山口　それはヤバい。
飛鳥　まあ、そういうこともあって、M編集長がテレビに出始めたときにネットで批判があった。それもそのはずで、オカルト番組はTVでは10年間ぐらい干されていたこともあってね。
山口　関西テレビの人の話では、誰かをインタビューしたときに背景に「ムー」という文字が写り込んでいただけで、撮り直しをしたって言ってましたよ。
飛鳥　そうなんだ？　当時、『ムー』というのはイメージとしてはオウムとイコールだった。というか、オカルト誌は『ムー』しか残っていなかったからね。
で、僕も調べてみたら、昔の『ムー』には確かにオウム真理教の宣伝が載っている（飛鳥氏が『ムー』のバックナンバーを数冊取り出す）。記事としては載っていないんだけど。
山口　（『ムー』のページをめくりながら）いや、記事としても載ってますよ。
飛鳥　あ、そう？　僕が見たのは90号、91号、92号。

山口　（『ムー』の1冊を差し出して）これ記事じゃないですか？
飛鳥　ああ、これ記事か。パブリシティ記事かもしれないけど、記事の形にはなっているね。
山口　「麻原彰晃」の名前で書いてますね。
飛鳥　これは、前身の「オウム神仙の会」じゃなくて、「オウム真理教」になってからの記事だよね。で、特定の宗教に肩入れしないというのが『ムー』編集部の方針らしいんだけど、その方針が守られていない頃があったことになる。
山口　「オウム＝『ムー』」というイメージになったのは、僕が覚えている限りでいうと、麻原の空中ジャンプの連続写真を掲載したことにあると思うんです。
飛鳥　あれ『ムー』だった？『トワイライトゾーン』（ＫＫワールドフォトプレス）じゃなくて？
山口　『ムー』です。トランポリンで飛んだようなあの写真に「最終解脱者・麻原彰晃」と書いていた。
よく覚えているんです。読んでビックリしたから。
これはでも、飛び方がジャンプしている感じなんですね。成瀬《なるせ》雅春《まさはる》さんのようにフワッと浮いているんじゃなくてピョンと跳ねている。
ただ、あれで勘違いして、僕の故郷の後輩なんかにもオウム真理教に入ったヤツがずいぶんいるんですよね。
空中ジャンプの連続写真を空中浮揚として掲載したのは事実であり、麻原を紹介したのは間違いないようですね。あの当時はあそこまで悪いことをするヤツだとはわからなかったんだろうけど。
飛鳥　超能力者という扱いだったんだろうな。他の雑誌でも麻原を紹介していましたから、『ムー』だけのことじゃない。
山口　あ、そんな感じですよ。
飛鳥　あの当時、テレビ朝日のニュースステーションで久米宏なんかもオウム真理教に関しては特別扱いをしていた。当時はオウムと幸福の科学が対立していたりと、いろんな時代背景があって、そういう中でできるだけ中立的に扱うことにしていたんだね。でも、この「中立に扱う」というのが曲者《くせもの》で、結局、「扱う」ことになっちゃう。
一方、紙媒体では『トワイライトゾーン』なんかが一番オウムを取り上げたんだけど、これは明らかに宗教勧誘の働きをしていた。
山口　そうなんです。だから、こういう『ムー』の記事なんかでもずいぶん入信したんでしょうね。
飛鳥　当時、『ムー』は10万部近く売っていたんだから、相当入信した可能性がある。

山口　数千人は入ったかもしれない。
飛鳥　そういう意味では痛し痒《かゆ》しだな。宣伝に対してどこまで責任を取るかという難しい問題がからんでくることになる。

オウム真理教のサティアンの中は飛鳥本だらけだった！

飛鳥　それで、ここからが本題なんだ。
実は僕は間接的とはいえオウム真理教には一枚かんでいるんです。というのは、以前に刑務所の新実《にいみ》（智光）からファンレターが来たんです。
山口　新実から来るんですか⁉　新実は飛鳥先生のファンだった！
飛鳥　上祐史浩《じょうゆうふみひろ》もそう。実はサティアンの中は飛鳥本だらけだった。
山口　ええっ？　ああ、そうなんですか！
飛鳥　オウムの教義っていうのはパッチワークだったでしょ。それで、僕の本からもオウムは使い放題。彼らが配っていた小冊子なんかも、中身は僕の情報がそのまんま掲載されていました。

山口　どのくらいパクられてたんですか？
飛鳥　もう、どんどんパクられていた。で、あの事件の後、すべてのヨガ関係者が1度は必ず警察に呼ばれていたのが、飛鳥昭雄だけは1回も呼ばれていない。
山口　でも、飛鳥先生は公安に盗聴されているとおっしゃっていましたね。
飛鳥　いや、あれはアメリカ大使館が盗聴していた。
山口　なんでなんですか？
飛鳥　それはまた後で話すけど、とりあえずオウムの件でいうと、麻原も僕の本を読んでいたぐらいなんです。
それで……これはさらにヤバい話なんだけど、Sという出版社に小学3年生や4年生が読む雑誌があって、「オウム神仙の会」だったときに僕が取材してるんですよ。
山口　取材までしていた！
飛鳥　で、麻原や新実の顔を撮ってる。これはさすがに出せない（笑）。S（出版社）も触れてほしくない話題だと思うけど、そこで4～5ページくらいの二色記事を僕が書いているんだ。
学年誌に麻原の空中浮揚写真が載ってたんだよ。
山口　それはまずい。

飛鳥　まずいんだけど、子ども対象の雑誌だからまだ良かった。これが、高校生相手の記事だともっとまずい。実際に入信しかねないからね。
ただ、僕は『コロコロコミック』（小学館）のときに、この麻原の空中浮揚トリックは全部暴いているんです。
山口　『ザ・超能力』（小学館）に全部描いてますもんね。
飛鳥　だから、僕にとってはプラスマイナスゼロなんだ。記事の内容自体もそんなに持ち上げてないし。でも、学年誌に麻原の顔が出ているのはさすがにまずい。

かつて麻原は「おもしろい宗教家のおっちゃん」としてTVの人気者だった

山口　当時はとんねるずの番組……『とんねるずの生でダラダラいかせて!!』（日本テレビ系列）なんかにも麻原が出てたでしょう？
飛鳥　ああ、出てた、出てた。
山口　そこで、若者の人生相談をやっていた、麻原が。
飛鳥　麻原はあの線でやっていればよかったんだ。

飛鳥昭雄氏の『ザ・超能力』（小学館）より、麻原彰晃の空中浮揚トリックを暴いた部分

山口　そう、おもしろい宗教家のおっちゃんとしてやっていればよかった。
飛鳥　ところがヤツの一番の問題は選挙に立候補したこと。「しょーこーしょーこー♪」って気持ち悪かったよね。麻原の顔のかぶり物も異常だったし。
そもそも、日本の政治は政教分離なんだから、一宗教団体の人間が立候補した時点でアウトなんだ。憲法違反。
山口　とはいえ、各宗教団体が政治結社を持っているのは公然の事実ですよね。
飛鳥　S学会に関していえば、あそこがK党を作って問題になったときに、検察庁の当時のトップが学会員、あるいはそれに近い立場の人物だったから「問題なし」ということになった。結果、どうなったか？　幸福の科学は出てくるわ……。
山口　大川隆法、本名・中川隆さんって僕の高校の先輩なんですよ。
飛鳥　四国だよね、確か。
山口　徳島です。実家が近所ですよ。中川先輩って僕より10歳ぐらい上で、しかも、20年ぐらい先輩に民主党の仙谷由人《せんごくよしと》さんがいる。
飛鳥　仙谷もいたの⁉
山口　**仙谷さんがいて、大川隆法がいて、僕がいる。それから、K1のノブ・ハヤシという格闘家がいたり、水泳の源純夏《みなもとすみか》というのがいたり、「どんな高校やねん」という話なんだけど。**

飛鳥　それはおもしろい。
まあそれでね、S学会のときに憲法をきちんと遵守していれば、オウム事件はなかったかもという話なんだ。要は、宗教がらみで上のヤツが勝手に憲法を捻じ曲げたりした結果、オウム事件が起こった。

さる皇族の方の引っ越しを手伝った

山口　オウム事件といえば、僕、押収品の引き揚げのときに手伝いましたよ。
日通に勤務していた時代にオウム事件が起きて、そのときはキヤノン担当だったんですが、別の部署から車の操配の手配が来たんです。「車回してくれ」と。
で、何に使うのか聞いたら、「オウム真理教の押収品の運搬に使う」と。それで、運転手さんと「今、どこですかー」とか話すわけですが、その通話は全部盗聴されているんです、警察に。
飛鳥　いろんな仕事やってるんだねー。
山口　阪神大震災で食料を運んだときも車を出しましたし、ナホトカ号というロシアの船が沈没してオイルが漏れたときも、オイルフェンスを運んだりしました。
飛鳥　いろんな事件に関わっている（笑）。
山口　あと、三島由紀夫が立て籠った部屋も、当時の防衛庁の依頼で「残せ」という話があって、僕の上司がそのまま部屋を移動して、どこかに保存しました。「歴史的な遺物だから壊しちゃいけない」ということらしいですね。
それから、おもしろかったのはさる皇族の方の引っ越しです。日通がやってたんです。東宮御所か何かの建て直しでその方が離れられていて、帰ってくるときまでにご夫妻の荷物を全部移動しておくという仕事で、その方の本棚は僕が整理しましたよ。
飛鳥　それは興味深い仕事だね。
山口　で、作業する者の経歴は事前に調べられているんですよね。まず、日通グループじゃなくて日通本体の社員であることが条件で、大卒以上の事務員であること、二親等以内に左翼や犯罪者がいないこと……などを全部確認するんです。
ちなみに、その仕事の後に菊の御紋が入ったタバコをもらいました。吸っちゃったけど、もったいなかったかなー。残しておけばよかった。
それで、本棚のことですが、その方は伊勢神宮の本など、かなり神道系の本を読まれていましたね。本のラインナップを見る限り、かなり勉強されている。

それはそれとして、弟さんの方はプロレスマニアと聞きますから、個人的にはそちらの引っ越しもやりたかった。『週刊プロレス』（ベースボール・マガジン社）とか並んでいるんじゃないかと（笑）。

パナウェーブ研究所の騒動の一件は飛鳥昭雄に責任がある

飛鳥　まあともかく、オウムには間接的に僕もからんでいたという話。
あと、パナウェーブ研究所という白装束の団体が集団で移動していく様子がＴＶのワイドショーで話題にされたことがあったけど、あれ、実は僕にも責任の一端があるんだ。
山口　え、どういうことですか？
飛鳥　実は、彼らの移動の様子が騒ぎになる1～2ヵ月前に、以前のテレビ朝日の近くの喫茶店で講談社コミックスの連中と打ち合わせをしていたんです。そこに、テレ朝の関係者がパナウェーブ研究所の教祖の女性を連れてきて、彼女が「ちょっと相談したい」と言う。
話を聞くと、「私は電磁波で狙われている。で、あなたの書いたプラズマ兵器の本を読むと、どうもアメリカ軍に狙われているようだ」ということだった。それで僕は、「アメリカ軍が膨大な資金をかけて、日本の女性1人を狙うことはないと思う」というようなことを言ったわけ。

それでも向こうがなかなか引かないから、**「それを確かめたいなら、みんなで移動して、それでも狙われるんだったら本当にそういうこともあるでしょう」と言ったんだ。そうしたら、本当に集団で移動を始めちゃった（笑）。**

山口　ひどいな～（笑）。

飛鳥　でも、まさか行くとは思わないよ。「ありえないよ」という意味で言ったのに、本当に大巡行しちゃった。

もちろん、そんな発言をする状況を彼女が作ったわけで、わけのわからない話を大声で話すわ、編集者に向かって「あなたたちは私を監視しているんでしょう‼」とわめくわ大変だった。

そういうわけで、オウム事件にもパナウェーブ研究所にも、僕は一枚かんでるということになる。今まで言わなかったんだけど、もう時効だから言っちゃう。

オウムについては数十人規模で足抜けさせた実績もあるから、それでプラスマイナスゼロになるかなと思う。もともと、情報は一度発信したら、発信者の手を離れて独り歩きするから、情報元の責任はほとんどないんだけどね。

それにしても、オウムのように、僕の本がどこでどう二次使用、三次使用されているかわからないということになると、なかなか問題なんだよね。
山口　都市伝説芸人のＳくんみたいに表立って使うならまだしも、そうやって秘密裏に宗教団体のネタにされるというのは怖いですね。
それはそうと、さっき、サティアンで飛鳥さんの本が見つかったのに公安が調べに来ないのは理由があると言ってましたけど……。
飛鳥　**僕、表向きはアメリカ軍のエージェントなんです。実際、アメリカには絶えず盗聴されていて、電話がくると音が変わるからはっきりわかる。**でもまあ、盗聴はいいんだ。米軍とバーターで情報のやり取りをしているのは事実だから。
何を言いたいかというと、つまり、バックにアメリカがいる人間には絶対に公安や検察は手を出さないということ。なぜなら、戦後に公安や検察を作ったのはＧＨＱだから。ボスの配下にある人間は絶対に呼び出さないということです。
山口　普通、あれだけ飛鳥本がサティアンに転がっていれば、絶対に呼び出されるはずですよ。『ムー』のバックナンバーも全部あったんですよね。
飛鳥　当然ある。たま出版の本もごろごろあったというね。
結局、オウムはプラズマ兵器を作ろうとしたんだよ。東大の秀才がたくさん集まってるから、それも不可能じゃなかった。

検察にはめられた「夢大陸」の女社長

飛鳥　あとね、ヤバい話といえば、福岡に「夢大陸」というのがあったんです。
山口　ああー、あれですか（笑）。
飛鳥　夢大陸っていうのがあって、やり手の女性社長がネット通販から何からやって、中国の重慶とも関係があって、福岡で大々的にやっていた。放送もやっていたんだ。
山口　ウェブTVみたいなやつですよね。
飛鳥　コミュニティFM局の放送権まで持っていた。もう、ものすごいやり手の女性なんだ。
山口　ベンジャミン・フルフォードさんや飛鳥先生も番組に出演してましたね。
飛鳥　うん。ただ……その女性が捕まっちゃった。
山口　出資法違反でしたっけ。
飛鳥　ファンドにたくさんお金を集めてどうこうという。
ただ、これは十中八九間違いなく検察の動きなんだ。というのは、**彼女は夢大陸の会報に反**

検察の作家を集めたんです。そうしたら、そのとたんに捕まった。

これは典型的な検察庁の手口なんだけど、連中はすべてのＴＶ局や新聞社、出版社を徹底的に調べているんですよ。どこかスネに傷がないか。

そして、どんな会社でも調べれば１つや２つはあるんです。それをつかんでおいて、いざというときにそれを使って脅迫したりして落とす。

彼女としては、それなりにきちんとやろうとしていたんだけど、銀行にリークが入ってお金を引き出せなくなり、詐欺罪が適用された。誰がリークしたか？　検察に決まっている。

山口　検察にはめられた。

飛鳥　もちろん、出資法違反であることは間違いないんでしょう。ただ、「どうもこの夢大陸というのは飛びはねすぎているから、一度調べてみろ」ということでそれが出てきた。

これはＦＢＩの初代長官フーバーがやった手口なんだ。彼は歴代の大統領や有力な議員の一族に関する過去の犯罪歴や家族問題等々を全部調べ上げて脅したわけ。そして、それとまったく同じ手口を日本の検察がやっている。

だから、日本の検察に対しては誰も反抗できない。下手に反抗すると何もしてなくても捏造されて捕まっちゃうから。冤罪を作るのは日本の警察の得意技だし、権力を持つ側は何でもできる。

ジョン・エドガー・フーバーＦＢＩ初代長官

山口　有罪にできない人間はいない、っていいますからね。
飛鳥　夢大陸も反検察で固めたとたんに捕まっている。彼女は確かにミスったけれど。
山口　もうちょっとバランスを取ればよかったんですけどね。
飛鳥　彼女がこういう動きをした大本は飛鳥情報なんです。
ただ、彼女が出資法違反に問われるとは僕も予想できなかった。どうも、過去にも同じことを2回やったらしいんだけど。
それはそれとして、福岡をはじめとして九州一円のマスコミの扱い方がひどかった。あの事件では関係者が5人逮捕されているんだけど、そのうち4人は無罪。でも、その無罪になったということはほとんど報道しないんだ。
山口　そうでしたね。
飛鳥　それから、彼女は刑事事件では有罪になったけど、民事では勝ってる。
山口　それは報道されてないですね。
飛鳥　ぜんぜん報道しない。だから、みんなの頭の中では夢大陸というのは極悪な組織という印象になっている。
でも、彼女1人だけが有罪というのも変な話で、普通は会社の経理担当者とかも有罪になったりするもんだけどね。

植草一秀教授の事件は100パーセント冤罪だ

山口　経済評論家の植草一秀教授もはめられたといわれてますね。
飛鳥　はめられた。
山口　ただ、そういう性癖を持っているのは事実じゃないか、と。
飛鳥　そう、その性癖を利用された。僕は彼が捕まった品川駅高輪口の現場に行って実際に確かめたんだけど……。
山口　エスカレーター。
飛鳥　うん、そこで確かめた。で、考えてみて。品川駅ですよ。ものすごい人がいるんです。そして、昇りエスカレーターですから、手鏡なんか出してスカートの中を覗いたら後ろの連中から丸見えだよ。
山口　見えますね、あそこなら。皮肉なことに、若者の間ではあのエスカレーターが「ミラーマンのエスカレーター」として有名になって待ち合わせ場所にされている。
飛鳥　あそこで鏡を出すなんてまずありえない。
それから、警察官が階段を駆け上がって、手鏡で覗いているのを確認したと言っているけど、それはありえない。3～4メートル以上は背丈がないと上からは見えないんだ。ジャンプしても見えない。だから、これは真っ赤な嘘なんです。
山口　明らかに国策逮捕ですよね。
飛鳥　当時、植草さんは小泉政権、特に竹中平蔵の経済政策に反発していたから。
山口　竹中平蔵さんを猛然と批判していた。
飛鳥　小泉、竹中といえばアメリカラインなんだ。要するに、アメリカと敵対すると必ずやられるということなんです。

植草さんは、「このまま行くとアメリカの手口にはまって、将来、日本は経済的に今より悪くなるよ」とそういうことを言っていた。つまり、反アメリカだった。で、アメリカは日本が低俗な国だということを知っている。ヨーロッパはある意味では高級な国。

どういうことかというと、ヨーロッパでは女の問題でクビになる政治家はいない。フランスの大統領のサルコジなんて愛人と一緒に住んでいた。で、イタリアは？

山口　ベルルスコーニはすごかったですね。

飛鳥　それでも、政治をちゃんとやってくれれば、女の問題なんかで失脚することはない。というのは、ヨーロッパの人間は、敵対する国が政治家の女性問題をリークしてかき回しにくることを知っているからなんだ。だから、そんな罠には引っかからない。

そんなゲスな罠に引っかかるのは世界でも日本人だけ。それは性根《しょうね》が低俗だから。だから、必ず敵対国は女の問題をぶち上げてくる。

現時点で女問題がなければ、過去十数年前までさかのぼって女の問題を持ち出してくる。橋下のときみたいに。

山口　結局、アメリカのポチでいる間は生かしてもらえるけど、アメリカに牙を剥《む》くと政治家も潰される。

飛鳥　女で潰せる。だから、相手するのにこんな楽な国はない。

『ムー』には何を書いても許される理由

山口　そうやって植草教授は逮捕されてしまうのに、『ムー』はなぜか何を書いても許される。それは、学研の有力株主の中にかつてイルミナティとの関係を噂された企業があるからじゃないですか？　そして、彼らは実質的にはアシュケナージの手先として動いているのではないか。
僕は『ムー』30周年の付録にメーソンのマークを使った時点で、ヤツらは売国奴じゃないかと確信したんですが。
飛鳥　文春かどこかがユダヤのことを書くと必ず潰されるのに、『ムー』は自由に書ける。それはバックにユダヤがいるから何を書いてもお咎《とが》めなしだと、そういう話が確かにある。あくまで「都市伝説」だけどね。
山口　僕が徳間書店に打ち合わせに行ったときに、××さんがすごく大騒ぎして出ていったんですね。それが、××さんとの初対面。

で、編集のIさんに事情を聞くと、××さんが本の中にユダヤの悪口を書いたら、圧力団体がアメリカから2人送り込んできて抗議したうえ、飛行機運賃をむしりとっていったんですって。

飛鳥　そういう手合いが必ず来る。

でも、『ムー』はユダヤのことをいろいろ書いても全然お咎めなし。もっと言うと、『ムー』のロゴマークは三角形で、中心が三角の目玉なんだ。つまり、フリーメーソンの意匠をそのまま持ってきている。

だからか天皇家のことも書き放題。普通は絶対にアウトなことでも書ける。

山口　むちゃくちゃ書いてますからね。

飛鳥　『ムー』のM編集長はそういう背景を知っている……のかな？

山口　日月神示とか王仁三郎系のライターの知り合いが僕には多いんですが、そういう彼らが『ムー』に嫌悪感や違和感を持っている理由は、しょせんユダヤの……アシュケナージの犬だろうという考えを持っているからなんですね。

日月神示を世に知らしめた功労者である中矢伸一さんが『ムー』からずっと無視されていて、最近、初めて掲載されたというのも、そういうことなんだろうと。

日月神示や王仁三郎の霊脈に連なるライターというのは——僕もその1人だと思っているん

ですが――そういうライターの中には「『ムー』許すまじ」という思いが結構あって、そういう彼らが僕についてきてくれている。

ただ、王仁三郎とか日月神示の中にも「イシヤ（フリーメーソン、ユダヤ）との和解」というのがありますから、アシュケナージではなく、真正ユダヤと王仁三郎霊脈との間の手打ちというのが近いうちにあるかな、という気もしますね。

それはそれとして、営利主義とアシュケナージの犬に成り下がった『ムー』には、もはやフェアな視点で書けるものはないんじゃないかと個人的には思っていますけど……そこまで言ったら厳しすぎるかもしれないけど。

『ワンダーライフ』が廃刊になった真の理由

飛鳥　ところで、『ムー』は今、M編集長による「M王朝体制（第五王朝）」になっていて、これがこれまでで一番長く安定している。なぜなら、飛鳥昭雄がからんでいるから。
つまり、僕はラスプーチンの役目をしているわけ、結果的にね。でも殺されたくないけどね（笑）。

山口　飛鳥先生を『ワンダーライフ』（小学館）から連れてきたのがMさんでしょ。
飛鳥　もともと、僕は『ワンダーライフ』でやっていて、それが終わったときに……。
あっ、そうだ、『ワンダーライフ』が終わったのはK・Rというヤツがきっかけでね。こいつはZという宗教団体をやっていて、１人で全宇宙を支えているとか言っていた。あの本がなくなったのは彼のせいなんだよ。
『ワンダーライフ』の編集長はSさんという人だったんだけど、その下にバイトでおかしなヤツが一人いて、こいつがすごく大きな顔をしちゃって編集部を乗っ取った。
山口　バイトなのに（笑）。
飛鳥　こいつがZの教えにそうとう傾倒して、K・Rの記事が多くなり、さらには飛鳥攻撃をやり始めた。
それはまあいいとして、結局、何が起きたかというと、あの小学館ビルの7階にS編集長がK・Rを呼んで読者との交流会をやったんだよね。で、そこにプロレスラーみたいなマスクをかぶった人間が1人いて、これが反K・Rだった。
それで、K・Rと怒鳴り合いの大ゲンカになったわけ、小学館の中でだよ。で、上の階が錚々たる重役室だから「何の騒ぎだ」と会社を挙げての大騒動になった。それで、即効アウトで廃刊。

『ワンダーライフ』（小学館）最終号

山口　新宿のロフトプラスワンかどこかでやればよかった。
飛鳥　今ならそうなんだよ。
で、実は『ワンダーライフ』というのは、もとは小学校4～5年生対象の本だった。
山口　そうですよね。初期のころは本の感じも幼かった。
飛鳥　だから、その当時の社長は、『ムー』はどんどん値上げしていても、『ワンダーライフ』は絶対に値上げさせなかった。4～5年生の子ども向けだと思っていたから、最後まで値上げしなかった。
山口　当時、僕らは大学生でしたけど、並木伸一郎さんの記事を読むために『ムー』を買うか、飛鳥先生のマンガを読むために『ワンダーライフ』を買うか、という選択肢を迫られていた。ただ、『ワンダーライフ』の方が攻め方が前衛的でしたよね。
飛鳥　そうなんだ。だから、フタを開けてみると小学生はほとんど買わなくて、中高生から大人、70歳までが買う本になった。
山口　大学生にもだいぶ売れたんですよね。
飛鳥　それで、総力特集はだいたいS編集長が書いていたんだけど、アンケートを取ると僕のマンガがいつもトップなんだ。
山口　とにかくおもしろかったんです。
飛鳥　もとは小学生向きの本だからマンガがトップというのは趣旨としては正しい。でも、『ムー』と並び称されるようになってくると、S編集長としてもマンガがいつもトップということに複雑な思いがあっただろうね。

飛鳥昭雄はいろんな「ヤバい」ところに一枚かんでいる

山口　大学生のころ、小説家の高橋克彦さんがいろんな人と対談した本『１９９９年――高橋克彦対談集』（小学館）を読んだんです。で、みんなで回し読みしていてゲラゲラ笑ったのは、Ｋ・Ｒと対談した高橋さんが、「地球を守ってくれた人と対談できるなんて感動した」なんて言ってることなんですね。

後に高橋さんの『炎立《ほむら》つ』がＮＨＫの大河ドラマになったとき、Ｋ・Ｒなんかに騙されちゃう人の原作を大河にしていいのかと思っちゃった（笑）。

まあでも、そのちょっと痛々しいところも『ワンダーライフ』のおもしろいところだったんですけどね。

飛鳥　もっと言うと、誤字脱字だらけですごかった。でも、最後のトドメはＫ・Ｒ。今は団体名を変えたのかな？　カルトの特徴はよく名前を変えるということなんだけどね。

山口　あのＺという団体のイベントでは、ワイン樽の上にＫ・Ｒの愛人がまたがってオシッコして、その尿入りワインを１杯数千円とかで信者に売ってましたね。

飛鳥　だから、公安は次のオウムとして完全にマークしている。それで、このＫ・Ｒと一緒の雑誌で書いていたのも飛鳥昭雄（笑）。もうね、僕は非常に危ない存在なんだ。

それで嫌なのは、Ｋ・Ｒが２人の女をはべらせている写真の顔のところに、僕の顔写真や僕の知っている女の子の写真を貼ったりして、それをネットに流しやがったヤツがいるということね。

山口　あれ、犯人は捕まったんですか？
飛鳥　犯人はわかってる。
山口　訴えればいいじゃないですか。
飛鳥　犯人は北海道のある神社の宮司の息子。賽銭《さいせん》泥棒ばっかりやってるロクでもないヤツ。名前も住所もわかってるから、このままじゃ済まさないけど、いつでも引っ張ることができるので、泳がしているけどね。

地方のＴＶ局では「殿様」に気をつかった番組制作をしている

山口　ところで、そういった陰謀系や宗教系の話のほかにも、よそじゃ書けない話ってたくさんありますよね。
たとえば、鹿児島のＴＶ局のバラエティ番組に呼ばれたときに、子どもがポルターガイスト現象を起こすという話があったんです。小さい女の子なんですけど、手に文字が浮き上がったり、大きいベッドを直立させたり、時計の針を曲げちゃったり。
飛鳥　それは、なかなかすごい能力だね。

山口　それで話を聞いてみると、その子はお父さんが大好きなんだけど、その父親が偶然にも日本通運の長距離ドライバーだった。お父さんが仕事に出ると何日も帰ってこなくて、寂しいから無意識にポルターガイスト現象を起こしていたらしいんですね。
結果的にヒプノセラピーで良くなったんですけど、でも、後で調べてみると、その子の家は薩摩藩に封印されたお寺の近くだということがわかった。薩摩藩は表向きはそのお寺をなかったことにして、傀儡《かいらい》のお寺を造ったわけです。
それで、**「これは土地が悪かったのかもしれないね」という話になったんですが、ＴＶ局からは、「薩摩の殿様の子孫が地元ではまだ力を持っているから、薩摩藩がこんなことをしたとか言わないでくれ」と言われて、子どもの心理現象として番組的には終わらせた。**
飛鳥　そういう話はたくさんあるだろうね。地方では、かつての殿様たちが地元の有力者になったりしているから。それから、心霊研究が進んでいるアメリカでは、ポルターガイスト現象が起きる家庭を調査した結果、そのほとんどに小学生以下の幼児がいることがわかった。つまり、現実と想像の区別がつかない幼児の脳の急速な発展段階で、そういう〝超能力〟が起きるという解釈が主流になっている。

「東日本大震災の被害者の幽霊」の話は不謹慎なのか？

山口　そういえば、しばらく前、ＮＨＫで「東日本大震災の被害にあった地域で幽霊の目撃が相次いでいる」というような報道がありましたよ。
飛鳥　あくまで心理的な現象としての報道ならいいんだろうね。
山口　幽霊が実在するという話じゃなければ、いい。
飛鳥　３・11では２万人も亡くなっているでしょう？　それで、地元の人に聞くと、相当たくさん幽霊が目撃されている。ボーッとした霧のような光が動いているのを見た人とか、いっぱいいる。
山口　海岸沿いでたくさん現れているらしいですね。犠牲者が多いから、死んだ自覚がない人もたくさんいるのかもしれない。
避難所に亡くなったおばあさんがお茶を飲みに来る話もありますね。で、ほかの人がお茶を飲みながら、そのおばあさんと話していると、「あれ、この人亡くなったはずだ」と気づくんですって。それでも、確かに目の前にいる。でも、かわいそうだから追い返したり、無視したりはしないんですって。

飛鳥　たくさんの霊があのあたりをさまよっている、と考えることもできる。だけど、それをTVで言ってはいけない。
日本人本来の宗教観からすると、それを言っても決して不謹慎ということにはならないはずなんだけど。目撃報告には数百人規模で移動する幽霊の群れの話もある。
山口　そうなんです。僕も向こうの人に頼まれて真言宗のお坊さんを何人か送ったんですけど、全然キリがないみたいですね。
飛鳥　とてもじゃないけど手が回らない。ものすごい数がいまだにさまよっているのかもしれない。あるいは怨念が残っている……怨念は「残留思念」とも呼ばれているね。
心理学的にいうなら、残された人々の悲しみがいまだ癒されていないということになる。そういうものが見えるというのはそういう解釈も成り立つということ。
山口　これも、どこかの雑誌で書こうと思ってストップがかかった話なんですが、新潟県中越地震で車が飲み込まれてお母さんと子どもが生き埋めになった事故があったんですね。それで、救急隊が「大丈夫!?」と呼びかけると、お母さんが「大丈夫です！」と返答してきたんでガーッと掘っていったら、お母さんは即死ですでに亡くなっていて、子どもだけが助かった。「え、さっきまでしゃべっていたお母さんは誰なの？」という話ですよ。
つまり、**お母さんは即死だったけど、子どもを救うために霊の状態で助けを求めたということ**

とでしょうね。
飛鳥　そういうことでいえば、３・11でも、自分が死んでることがわからない人がたくさんいるんじゃないかな。これを「不謹慎だ」といって、目撃者の口をふさぐことの方がずっと不謹慎だと思うんだよ。
日本人はすべて「同調圧力」で異説や真説を封殺する傾向が強いけど、そういう融通の利かない態度がこういう原発事故を起こし、先の大戦でも大和魂があればアメリカを粉砕できると考える妄想集団を作り上げた。
山口　阪神淡路大震災でも幽霊の目撃者がたくさんいた。
ある人のところに死んだ友達がやってきて、「死んだんちゃうん？」と聞いたら、「いやいや、俺、死んだんやけど、これから行くねん」と言う。それで、「どこ行くねん？」と思って外に出ていったら、**風とは逆方向に雲が流れていて、そこにボロボロの服を着た人が乗っていて、先頭にお坊さんがいてスーッと移動していたと。**
飛鳥　こういう話こそ、後世に伝えるべきなのにね。というか、霊魂が存在する証拠じゃん。
山口　ところで、２０１３年の11月３日——東北楽天が優勝したこの日は、３・11のちょうど逆だったじゃないですか。それで、「星野仙一」は仙台を一番にするという意味なんだといわれるようになった。

つまり、この優勝によって東北を襲った災厄の流れが、いい方向へ転ずるんだという話が出てきている。
飛鳥　それで、本当に流れが変わればいいね。こういうことや幽霊の話をオカルトとして切り捨てるんじゃなく、日本を再起させる流れにつなげることが大事だと思う。

第4章

幽霊・妖怪・UMA・UFOの正体を暴露する！

飛鳥昭雄は子どものころ幽霊を頻繁に目撃していた

山口　さっき、幽霊の話が出てきましたけど、飛鳥先生があまり幽霊の話を書かないのはなぜなんですか？
飛鳥　まず一つは編集方針。「飛鳥昭雄に幽霊の話を書かせるな」という（苦笑）。
山口　本当は心霊の話を書いてみたいんですか？
飛鳥　書きたいですよ。でも、飛鳥昭雄のイメージが壊れるという理由なのか、書かせてくれない。
山口　CSの「ファミリー劇場」でもそうですね。「飛鳥先生は心霊のイメージないよねー」って言っている。だから、幽霊の回のときには呼ばれなかった。
飛鳥　「サイエンスエンターテイナー」という形でやってるから、物理的な不思議な話だけやってもらおうという『ムー』の方針がある。心霊モノはほかの人がいるから、飛鳥昭雄のイメージと合わないことを無理にやらせることもない、ということだろうね。
山口　妖怪モノは1冊書きましたね。妖怪はすべてユダヤからやってきた、みたいな内容の『ユダヤから来た日本の妖怪たち』（工学社）。

飛鳥　よく知ってるな～（笑）。あれは学研では出せなくて工学社というところで出してもらったんだけど。
山口　あれは、飛鳥昭雄流の新しい妖怪の解釈だなと。すごく斬新だった。妖怪研究家全員がひっくり返ったくらい斬新でしたね。
　ああいういろんな説が出てきた方が業界も盛り上がる。この分野はどうしても柳田（國男）史観から抜け切れないから。
飛鳥　まあ、そういうわけで、幽霊モノは確かに『ムー』でやってない。それは間違いない。
山口　単著では１冊もないですよね。それで、飛鳥先生は幽霊そのものは見たことあるんですか？
飛鳥　何度もありますよ。**幼稚園のころから見てる。ジャングルジムからまっさかさまに落ちて頭を打って、それ以来、いろいろ見えるようになった。**
山口　霊的なものが見えるようになった？
飛鳥　超能力者の人にも頭を打ったという人が結構多い。それでスイッチ入るんだろうね。今は普通の人に戻っちゃったけど。
山口　じゃあ、子ども時代にはしょっちゅう見てたんですか。
飛鳥　しょっちゅうじゃないけど、「何か変なものがいるなー」ということはあったね。いて当たり前という感覚があった。

プラズマ生命体「クリッター」に襲われた!

山口　一番、印象的な幽霊は?
飛鳥　人の形をしていないヤツ。庭に建ててもらったミゼットハウスで寝ているとき、半透明状のクラゲみたいなのが回転しながら僕の顔の上を浮遊していた。
山口　触手《しょくしゅ》があって。
飛鳥　そう。それで金縛りみたいになっちゃって。直径は40センチほどあったと思う。
山口　妖怪みたいな感じですね。
飛鳥　まあ、幽霊というよりは妖怪だね。それで、金縛りで足の下の方からジワジワと石のようになっていく。
上まで来たら死ぬなというのがわかっていたから、何とか結界を張って「切った」から助かった。そのとき、ドアがバーンと開いた。
あわてて電気をつけると、開いたドアの向こうに一匹の黒猫がいた。これ、話ができすぎなので『ムー』には黒猫の話までできなかった。
山口　何でそういう妖怪みたいな存在が出てきたんでしょうね。
飛鳥　今にして思うと「クリッター」というのかな、半透明状のプラズマ生命体だったと思う。北海道などで、牛が殺されていたり、僕が見たようなものが飛んでいたのを目撃した人もいるでしょう。だから、僕も下手をするとヤバかったかもしれない。
山口　クリッターが出てきた……。
飛鳥　妖怪として考えるならクリッターだろうね。そういう類いのものはたくさん見ている。
プラズマ生命体ってカール・セーガンでさえ存在を認めているからね。プラズマ生命体が太

クリッター（１９８６年公開当時の『クリッター』英語版ポスター）

陽にいると。
あの人は超アカデミズムな人だと思われているけど、実はすごく斬新なことを言ってたりする。
山口　意外と否定論者ってビリーバーと紙一重だったりしますよね。
飛鳥　セーガンは「エイリアンはいる」とも発言している。ところが、NASAの専属顧問になったら突然言わなくなるんだよね。
山口　ビジネス上の問題で。
飛鳥　彼は結構、早死にしているんだ。
山口　この世での役割が終わったんでしょうか。
飛鳥　もしくは消されたか。
山口　**何か、時代の節目《ふしめ》には霊界に人間が足りなくなって、地上から召喚されるらしいですけどね。美空ひばりさんとか石原裕次郎さんとか、重要な人って同じ時期に亡くなるじゃないですか。手塚治虫さんとか。**
飛鳥　それ、おもしろい説だね。
山口　僕はなるべく遅く呼んでほしいなーと（笑）。この業界では40代の僕が若手と呼ばれているぐらいで若手が全然育ってないんです。だから、もう少し僕も頑張らないと。

雪女から精を吸い取られそうになった体験

山口　ところで、人の霊を見たことは？
飛鳥　ありますよ。ただ、その中にも異様なのがいる。人間じゃない幽霊がいるなと。
山口　人の形はしているけれど……。
飛鳥　明らかに幽霊じゃない。**「こいつは人間経験がない」ということがわかるんです。**
いずれにせよ、そういうのを昔の人は結構見ていて、それが今に伝わっているんだろうけど、学者はハナから相手にしないでしょ。
山口　人間の幽霊も見たことありますか？
飛鳥　スキー場に行ったときにザコ寝してたんです。掘りごたつで放射状に皆と一緒にザコ寝していたら、夜中に女の幽霊らしきものが乗っかってきて、明らかに行為をやろうとしてるわけ。
で、顔を見るとボヤーッとした女の姿がある。
山口　髪が長くて。
飛鳥　そうそう。顔ははっきり見えないんだけど、明らかに行為をやってるんだ。接触具合までわかる。

で、そのときも金縛りになっちゃって、これはヤバいと思った。それにしても、僕に夜這いをかけるなんて、向こうもよっぽど物好きだよね。

山口　雪女じゃないんですか？　スキー場ですから。

飛鳥　ああそうか。雪女から精を吸い取られそうになったと（笑）。

まあ、そのときも結界を張って「切った」から助かったんだけど。

山口　結構、ヤバい目に遭ってますね。

飛鳥　いい目にも遭っている。正確には遭いそうになった、ということなんだけどね。

取材で佐賀の宝当《ほうとう》神社に行ったとき、宮司さんから「ここで祈ったことで宝くじに当たる可能性が一気に高まりますよ」と言われて、そのときは「へー、そんなもんか」ぐらいにしか思わなかったんだけど、それから1週間経ったころ、寝ている僕の耳元で「今すぐ○○駅（自宅の最寄り駅）にある宝くじ売り場に行きなさい。そうすると当たる！」って声がしたわけ。ところが、そのときは仕事明けで眠くて断った。

でも、もう1度声が聞こえて、その後も計3回声が聞こえた。でも、眠かったから断った。

そうしたら、その日にその売り場で売れた宝くじの中から1億円の当たりが出たんだよね。前後賞ならもっと出たろう。

宝当神社（佐賀県唐津市）

山口　それは惜しかったですね。
飛鳥　でも、それで1億円が当たったとしたら今の自分はいないかもしれない。突然、莫大なあぶく銭が入ると、そのほかのところで何かを失うかもしれないから。

亡くなった船井幸雄さんの思い出

山口　ところで、先日、船井（船井）幸雄先生が亡くなられましたが、僕が以前、熱海のお住まいにおうかがいしたときには、「ユダヤ教の呪術者に狙われている」とおっしゃっていたんです。ヨーロッパの某企業から命を狙われて、ユダヤ教の古代呪術を使う人間から術をかけられている、と。
それで、中矢伸一さんを呼んで日月神示を読んでもらったり、伯家神道や陰陽道で呪詛《じゅそ》返しをしてもらっていたようですね。
飛鳥　船井会長は呪詛を返す装置を開発したとも言っていた。
船井さんは口腔《こうこう》をずっと病んでいて、日本におけるインプラントの第一人者という先生の治療を受けていたんですね。で、その人が僕に言うには「船井さんの周りの人を離すように飛鳥さんから会長に言ってくれないか」と。
つまり、その先生が一所懸命治療しようとしても、わけのわからない人が祈祷を始めたり、「ここを触れば治る」とか「この水を使ってくれ」とか指示してくるというんだ。しかも、口の中をいじっちゃう人までいる。
山口　医者でもないのに、勝手にいじっちゃダメでしょう。
飛鳥　そういうことを繰り返しているうちに、どんどん悪化しちゃったということを言いたかったんだろう。もちろん、ほかにも原因があるかもしれないけど、ともかくその先生が言っていたのは「私の技術を信じてほしかった」ということなんです。
山口　来る者拒まずという姿勢が船井先生の魅力でもあったんですが、それが裏目に出たということでしょうかね。
飛鳥　ただ、船井会長も昔はすごく厳しかったようだよ。たとえば、ツアーなどで遅刻した人がいると、お客さんであっても放っておいて行っちゃう。
ものすごく厳しい、怖い人だったんだ。僕らの知る会長とは全然違う。
だけど、晩年になって一線を退いてからは、自分の趣味をやるために船井本社というのを作った。自分の人生を振り返ると「１＋１＝２」にならないことが多かった。だから、理屈に合わないことがあるということを認めざるをえない、となった。

船井幸雄氏（株式会社船井メディアのサイトより）

それは素晴らしいことなんだけど、いろんな人が……いいも悪いも含めてわーっと集まってきちゃったのかもしれない。もちろん、それは推測にしかすぎませんし、結構なお歳でしたから大往生と言えるのではとも思いますけどね。

山口　いずれにせよ、船井幸雄という巨人が亡くなったというのは、時代の節目になると思いますよ。船井さんの周りに中矢伸一さんとか、ベンジャミンさんとか、中丸さんとか飛鳥先生とか、今のこの業界の重鎮が集まってきたわけですから。

そういう面子《メンツ》ですから、僕なんかが行っても、いまだ小僧扱いなんですよね。船井先生が僕からの情報をブログに書くときにも、「とある筋から」としか触れてくれない。「飛鳥さんから」とか「中矢さんから」のようには書いていただけない。

ただ、最近は小僧扱いから少し上に上がったのかなあ、と思っていたんです。お声もかかって、今度、講演会をやることになっていたんですが、残念なことにそれが告別式の後になってしまった。本当に残念です。

そういう機会を与えていただいて、ありがたいなあと思っていたんですが……。

宜保愛子さんは呪詛で亡くなった？

山口　船井さんは比較的長生きだったと思うんですが、この業界には呪詛で亡くなったとも思える短命な方も少なくないですよね。
僕は宜保愛子さんの死にざまを３ヵ所ぐらいのルートから聞いたことがあるんです。宜保さんの担当だった人は今、ある出版社のトップなんですが、その人からじかに聞いた話では、宜保さんの耳が特殊なバクテリアによってダンボのように大きくなって、わりと深刻な感じで亡くなったようですね。

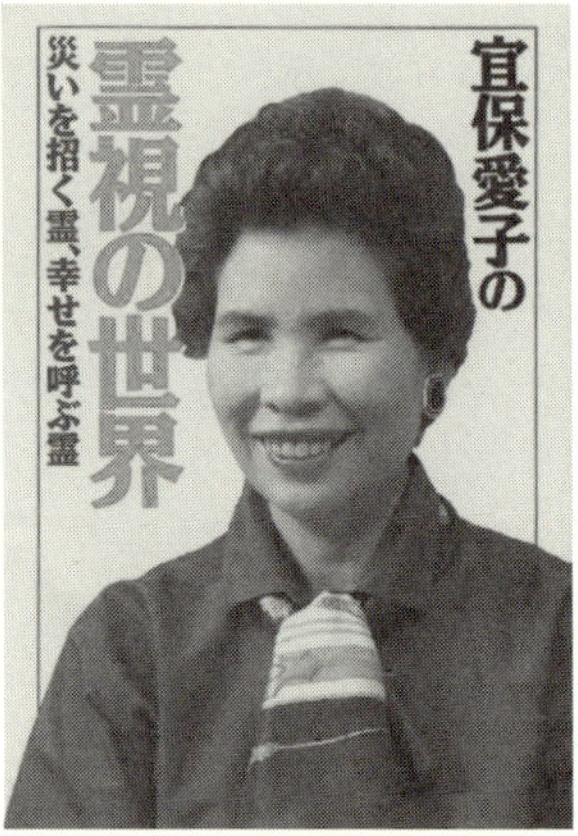

『宜保愛子の霊視の世界』（宜保愛子著、大陸書房）表紙

飛鳥　それは、呪詛かもしれないね。僕はあらゆる可能性を否定しない主義だから。
山口　耳が腫れ上がって亡くなるっておかしいですよね。いずれにしても、有名人って奇妙な死に方をする人が多い。T元首相だって最後は背中が丸くなってセミのようになって死んでいたっていいますよ。
飛鳥　なぜ、早く亡くなるか？　これはあくまで僕の持論なんだけど、たとえば、誰かを浄化するとするでしょう。そのときに、それをちゃんと流さないとダメ。抱え込んじゃうとダメなんだよ。**自分に憑いたやつをちゃんと払っておかないとダメージを受ける。**
宜保愛子さんみたいな人たちっていうのは、自分に憑依《ひょうい》させて浄化した後は、今度は自分から出さないといけない。そういう循環をちゃんとやってないとエライことになる。宜保さんは、そこを、どこかで失敗したのかもしれない。

僕はそれを人の霊ではなく汚れた悪霊と考えている。怨霊と言ってもいいかもしれない。だから相手が強すぎたためか、失敗した可能性は否定できない。

山口　たぶん失敗しましたね。僕も心霊の仕事は年に2、3回しか受けないんですよ。明らかに寿命を縮めますからね。

僕の事務所には霊能者が何人かいるので、ロケのときなどには結界を張ってもらうんです。今は、天台宗、日蓮宗、真言宗、あとは陰陽道と風水とサイキック……とこれだけそろえてます。それでもなお、かいくぐってきた式神《しきがみ》なんかに打たれることがありますよ。

それで、僕は先週まで倒れていたんですけど。いやー、ヤバかったですよ。たぶん僕を狙ってきている。だいたい「この霊能者か」という見当はついてます。

霊能者って変なヤツがいるじゃないですか、金儲けしかしないヤツ。そういう連中を僕は「金を取りすぎだ」と批判するんです。そうすると打たれたりする。

飛鳥　まさに呪詛戦だ。一種の幻魔大戦だよ（笑）。

インチキ「中二病」霊能者はこいつらだ！

山口　そういう呪詛戦は国家同士でもやっていると思いますよ。中国も韓国もやってるでしょうし、日本でも当然そうなんですが、ただ、陰陽道の方に人材が不足していて、センスのある人がいなくなりましたよね。北斗流だとか信頼できる人が何人かいるんですが、中には自称陰陽師のインチキがいる。「中二病」みたいなイタイのがいる。
飛鳥　中二病か。まあ、自称陰陽師みたいなのがTVに出てくるよね。
山口　Iさんなんて陰陽師じゃないですよ。最初は「土御門家ゆかり」とか言ってたけど、土御門家からクレームが来て、そのうち「祖母直伝」とか言い始めた。おまじないかよ、って話なんです。
飛鳥　「ばっちゃんの名にかけて！」って（笑）。
山口　そして、今は「中国の三国志の英雄からの流れを受け継ぐ……」という設定に変わっている。クレームが来ないような遠いところまで行っちゃった（笑）。
明治時代に陰陽寮が廃止された後、安倍晴明《あべのせいめい》の弟子筋が北斗流というのを作ったんです。僕はその4代目と仲良しなんですけど、その彼らが、IさんがTVなどで披露している祝詞《のりと》を聞

疫病神退治をする安倍晴明（泣不動縁起より）

くと全然違うんですって。

除霊とかに使うものではなく、その4代目の彼が本で書いた違う祝詞を唱えていると。ああいうインチキが真似をしないように、ちょっと違えて書いているらしいんですね。

まあ、そのIさんに限らず、自称陰陽師というのはいっぱいいる。名古屋にもいるけど、そういう人は北斗流や北陸にいる安倍晴明の直のラインのことを本当には知らない。だから、何も話せないいんです。

飛鳥　まあ、そうだろうね。自称は誰にでもできますし。

山口　芦屋道満《あしやどうまん》の末裔を称するヤツなんて、僕のことをえらく批判してましたよ。「あいつは韮澤（たま出版社長の韮澤潤一郎氏）と同じで宇宙人の住民票とか信じている！」って。僕のこと何も知らないいんです。

TVで一緒に並んでいれば同じスタンスの人間だと思っている。それくらい底の浅い人が多いんですよ。

まあ、彼らは「スーパーマン」になりたいんでしょうね。でも、スーパーマンになりたいなんて本当に子どもですよ。スーパーマンにはなれないし、スーパーマンはいないんだとわかってから、本当のリアルな努力が始まるんですけどね。

「イエティ」の正体は古代のホッキョクグマの生き残り

飛鳥　そういうインチキがはびこると、本物まで一緒に否定されてしまう。だから、僕や敏太郎さんのような人間が、偽《にせ》は偽だと言わないといけない。

山口　ＵＭＡ（未確認生物）についても同じことが言えますよね。この前、ロシアで「雪男の死骸」なるものが発見されましたけど、古代のホッキョクグマのＤＮＡが検出されたみたいですね。

僕は、イエティの正体というのは、ヒマラヤに残っている、今とは違う古代のホッキョクグマの生き残りだと前から考えているんです。昔、「ショートノーズ」といって鼻が短い種類がいたらしいんですね。そういうホッキョクグマなら、正面から見たときに雪男か類人猿的な何かに見えるだろうと思うんです。

それが、ヒマラヤのふもとのジャングル地帯にいるんじゃないかなと。そういう仮説を持っています。

ただ、ロシア版の雪男の「アルマス」が人間と子どもを作ったという説もあって、一概にホッキョクグマと言ってしまっていいのかな、とも思います。もしかすると、人間に近いようなほかの種類の人類がいて、人間と交雑しながら生き残っているのかもしれないし。
飛鳥　ところで、あるとき、いっせいに日本からＵＭＡがいなくなったでしょ？
山口　そうですね。
飛鳥　あれね、戦前に動物園に動物の毒殺命令が下ったでしょ。空襲で檻《おり》が壊れて猛獣が逃げたら危険だということで。しかし、飼育員は気持ち的にかわいそうで殺せない。
それで、**つい森へ逃がしたものが、ＵＭＡとして各地で目撃されたということなんだ。**この説は敏太郎さんが唱えていますよね。
山口　そうなんですよね。広島の動物園のＯＢのおじいちゃんに「戦争のときに毒殺命令があったとき、大型動物はどうしたんですか」って聞いたら、みんな口を濁すんです。「殺した」とは言わない。
そういうことが日本中であったんでしょうね。だから、みんなそれを聞くと奥歯に物が挟まったような感じになる。

広島の山中で発見されたゴリラが「ヒバゴン」の正体か

飛鳥　実は、広島県のある場所でゴリラの死体が出てきている。僕の講演会のときにある人がやってきて、自分の持っている山でヒバゴンらしい死体が出たという。
それで、人間だったらまずいので撮影して検証してみたら、どうみてもゴリラの死体だという。白骨化しているんだけど頭骨でゴリラだとわかったらしい。
山口　それは腐敗している状態で？
飛鳥　腐敗して、骨が肉片から覗いている感じかな。
山口　その骨はどうしたんですか？
飛鳥　日本人は、たとえば、ツチノコの死体を見つけると「かわいそうに」と埋めてしまうでしょう？
山口　日本人はそうやりますよね。
飛鳥　それで、ゴリラの死体も埋めてしまった。ところが、それをやった人、つまり、写真を僕のところに持ってきた人の父親が亡くなって、埋めた場所がわからなくなってしまった。発見された山も他人に売り渡してしまったから、なおのこと場所がわからない。

しかし、発見時の撮影した5枚の写真のうち2枚が見つかった。それで、僕のところに持ってきたわけ。これを某雑誌で公表したんだけど……はっきり言って、これただのゴリラだから(笑)。その雑誌ではハッキリとゴリラと言わなかったけどね。
山口　ヒバゴンの正体のゴリラだと思えば貴重じゃないですか。
飛鳥　そこなんだ。夢をなくしていいのか、と僕も葛藤があって。
山口　ゴリラが山で死んでるということ自体、変な話なんですけどね。
飛鳥　昔は小さなサーカスなんかがあって田舎から田舎へと巡業していたんだけど、そこから逃げた可能性もある。ともかく、その広島で見つかったゴリラは育ち切っていないから、子どものころに逃げたことは確実。
山口　それはいつごろ発見されたんですか?
飛鳥　今から20年ぐらい前。
山口　ということは90年代前半。
飛鳥　で、そういう動物がUMAとして目撃されたと思うんだ。それがあるときからパタッと目撃談が消える。
山口　80年代前半には消えてますね。
飛鳥　完全に消えた。**戦中に逃がした動物がUMAの正体だとするとツジツマが合う。**このゴリラの死体も発見されたのが20年前だから、それよりもっと前に死んだということになる。まあ、敏太郎さんの説がある程度は証明されたことになるね。
山口　結構、戦中の動物園では外来生物を逃がしたんだと思うんですよ。
飛鳥　逃がしてる。かわいそうだしね。
山口　せめて、山に行けば食い物があるだろうと。
飛鳥　ある意味、人情だよ。

UMA「ニンゲン」の正体は双頭の奇形クジラか

山口　ある意味では、奇形の生物はUMAといってもいい存在かもしれませんね。

以前、話題になった南極の「ニンゲン」というUMAは、巨大で二重胎児の形をしているといわれてましたが、この前、メキシコで打ち上げられた双頭のクジラがその正体じゃないかと思っているんです。

ニンゲンには水頭症みたいなヤツもいるといいますけど、クジラ学会の人に聞いたら、水頭症のクジラというのが問題になっているんだとか。太平洋の重金属汚染がひどくてその影響なんです。
飛鳥　確かに、遺伝子がおかしい動物がいるとUMAとして認識されるだろうな。
山口　それにしても船に乗っていて、頭が2つあるクジラが近づいてきたらゾッとしますよ。そのクジラの死体はウルトラ怪獣みたいな感じで気持ち悪いんですけど、打ち上げられたところはクジラで町おこしをしてるところなんで、うれしそうに死体に触れて記念写真を撮っている。
飛鳥　まあ、モンスターにしか見えないよね。
山口　ところで、飛鳥先生の「カッパ＝グレイ説」ですが、カッパ宇宙人説というのは最初、ウルトラ怪獣の解剖図などで有名な大伴昌司《しょうじ》さんが提唱してましたね。そこへさらに、宇宙人をグレイ、つまりカッパとして特定したのが飛鳥先生。
飛鳥　大伴昌司さんの説では、カッパの口周りの部分が酸素マスク……というか、異星の大気圏から来たわけだから、そういうのが必要だと。そして、甲羅が宇宙服でいう生命維持装置で、つるんとした皮膚が宇宙服。で、頭の皿が太陽光発電。
山口　それから、お皿の周りの跳ねてるヤツがアンテナだと。カッパは水中に近い環境で進化した、ほかの星の知的生命体だという説でしたね。
飛鳥　わりとおもしろい説だった。ちなみに、ウルトラ怪獣の解剖図もすごかった。見てきた

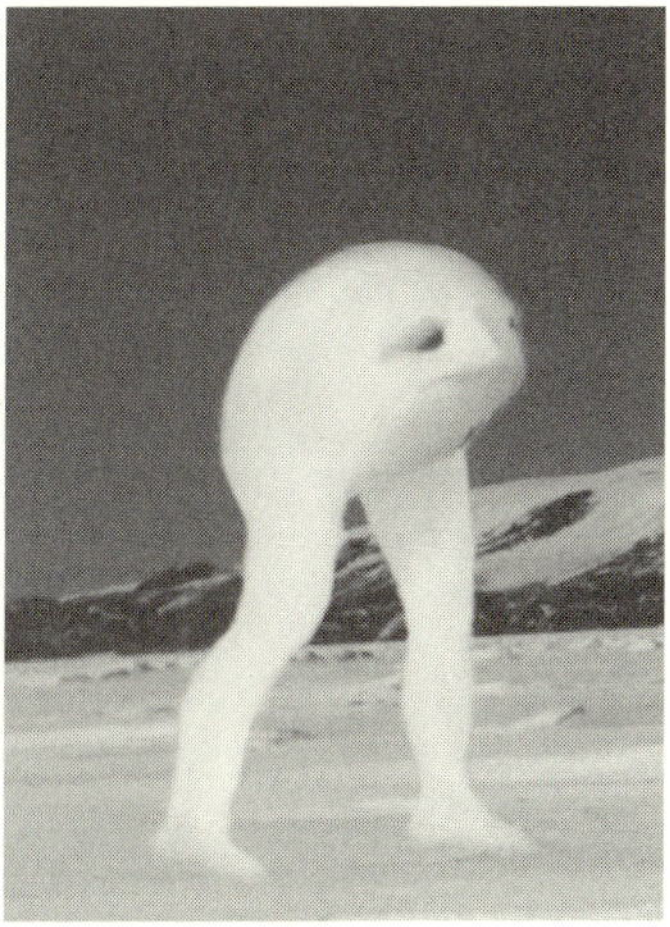

南極のＵＭＡ「ニンゲン」（提供・山口敏太郎氏）

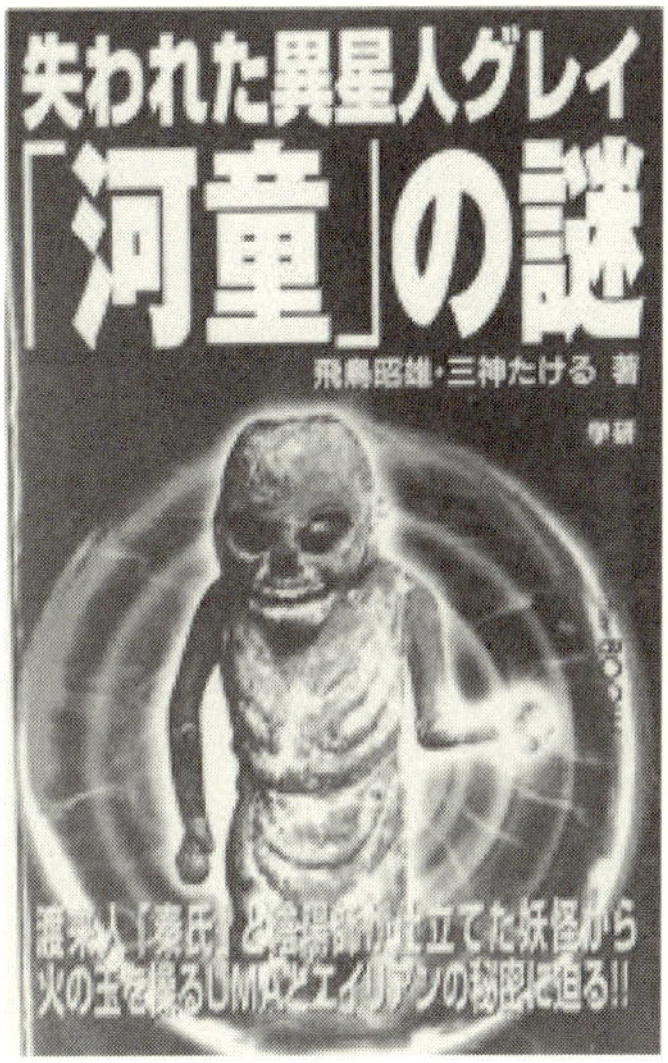

「グレイ＝河童」説を唱えた飛鳥昭雄氏の著書

ように描くからね。
山口　あの飛ばし方はすごかったですよ。
飛鳥　言い切っていた。だから子どもたちは信じた。
山口　最初は円谷プロも抵抗していたんですよね。足跡とかまで勝手に作っちゃうから。
飛鳥　円谷プロは大伴さんの名前を嫌がるんだよ。でも、彼が『少年マガジン』（講談社）であれを連載したからこそ、ウルトラシリーズが伸びた。
山口　当時は少年マンガ誌のグラビアにも妖怪や幽霊がよく載ってましたね。
飛鳥　昔の少年誌にはグラドルなんか出てこなかった。
山口　昔の少年誌って今見ると結構ムチャなのが多い。で、今の子どもたちにもファンタジーを与えようということで、『コロコロコミック』（小学館）で同じようなコーナーをやる話もあって、僕に話が来ています。
飛鳥　それはいいね。『コロコロコミック』は僕の古巣だから、敏太郎さんにも頑張ってほしい。

ビートたけしの「UFOがいるね」発言で番組終了の危機に？

山口　今の若い人はオカルトの基礎的なことを知らないんですよね。たとえば、「バミューダトライアングル」とか若い人は知らない。僕らだと当然みんなが知っているはずの「基礎知識」として話しちゃうんですけど。
飛鳥　テレビ局でもそういうオカルト的なことは一切触れちゃダメ、ということに一時期なったからね。昔、プレステージ（テレビ朝日系『こだわりTV PRE☆STAGE』）という番組があって、４時間か5時間もかけてオカルトをやったりしていた。
それがオウム事件をきっかけにバッタリなくなった。それから10年間は自粛ムードで、そのときに生まれた子どもがオカルト情報に触れなかった、いわばエアポケットになっている。
山口　僕のやり方は、95パーセントはタネあかしをして、「でも、ここだけはミステリーですよ」という尺度でやっている。その方法でしか、TVや少年誌の今のコンプライアンスはクリアできない。『ムー』の100パーセント肯定口調はTVでは無理なんです。
特に地上波だと「このラインでやってくれ」というところに、僕は合わせちゃうんです。その範囲で「プロレス」をやるしかない。飛鳥先生からは「最近おとなしいね」とお叱りを受け

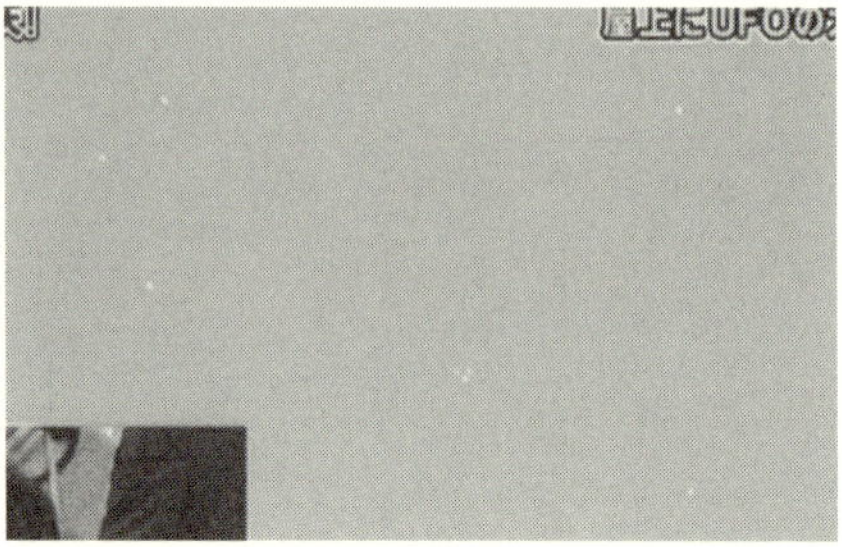

『ビートたけしの超常現象（秘）Ｘファイル』収録中に現れたＵＦＯの編隊
（ＡＳＩＯＳ ブログより）

るんですけど。
飛鳥　いやいや（笑）。確かに、「ここまででお願いします」って言われちゃうんだよな。地上波っていうのは難しいね。スポンサーもついてるし。
山口　それと関連するんですけど、昨年末の、『ビートたけしの超常現象（秘）Ｘファイル』（テレビ朝日系）がＵＦＯ出現を中継しちゃったじゃないですか。それで、たけしさんが「Ｕ

ＦＯいるねー」と言ったら、打ち切りの話が出てきた。
最初は業界内で打ち切りの情報が流れたんですね。その後、違う勢力が盛り返して深夜枠に移るということになったそうなんです。
飛鳥　えっ、打ち切りの理由は……？
山口　「ＵＦＯがいるね」と言っちゃったことだというんです。
飛鳥　何だそれ？　原発のことを言ったのならまだわかるけど（ＴＶ界では原発が危険と発言すると問題になる）。

「ＵＦＯ艦隊」の正体は結婚式のバルーンリリース

山口　ただ、一部ではあれが風船だったという説がある。
飛鳥　銀色バルーンでしょ。子どもがよく持っている。
山口　益《まし》子《こ》祐《ゆう》司《じ》さんというＵＦＯ研究家からメールをいただいた情報では、あの時間にＵＦＯの目撃された方角で結婚式をやっていて、そこで風船を飛ばしたようだと。それで、僕は自分のYouTubeチャンネルの中ではそのことを公表しました。

韮澤さんは認めないでしょうけど……。立場上、引くに引けませんでしょうからね。

飛鳥　銀色バルーンがＵＦＯに誤認されているという説は、結構前に僕がどこかで書いてるんです。確か20年以上前かな。

自分の子どもがたまたま銀色バルーンを飛ばしちゃって、それが回転しながら家やビルの間をスーッと抜けていった。それで、ハッと気づいてそれをマンガにした。

新興宗教の連中が筑波山から多量の銀色バルーンを飛ばしてＵＦＯに見せかけるという設定のマンガにしたわけ。これは単行本にもなっています。

山口　新興宗教といえば、ある団体の教祖の誕生パーティでは必ずＵＦＯの大群が現れるらし

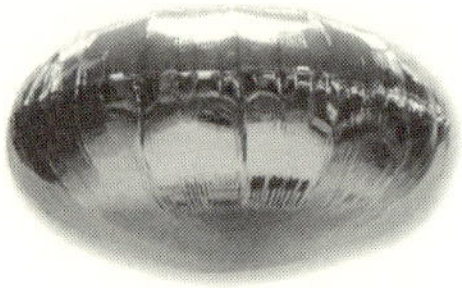

銀色バルーンは上空に上がると回転によって光が明滅する。

いですね（笑）。
飛鳥　それ、僕のマンガそのもの（笑）。
山口　僕はそこの団体の関連企業に対して「おまえら飛ばしてるんだろ」と追及したことがあるんですよ。すると、「いや、うちではやってない」という。
飛鳥　おもしろいのはね、銀色バルーンって上空に上がると回転によって光が明滅を始めるんです。光の反射の関係でそう見える。
山口　UFOっぽく見えるわけですね。
飛鳥　たくさん飛ばしてもバラけずに回遊するんだよね。それがよけいにUFOっぽい。
山口　UFOフリート（艦隊）がよく見られるようになったのって、ここ15年くらいじゃないですか。それは結婚式でバルーンリリースのサービスが始まったのと同じころなんです。あれあれーっと思いますよね。
飛鳥　数多くのUFOが出てくるケースだと特にそう思うよね。
山口　新宿と横浜でUFOが出現した映像がYouTubeに上がってるんですけど、そのうち横浜の方は、先ほどの宗教団体の講演会の後だったんですよね。それで、新宿の方は、UFO系カルト宗教Rのビルの横で出てるんです。だから、これはある種のプロモーションじゃないのかなって。

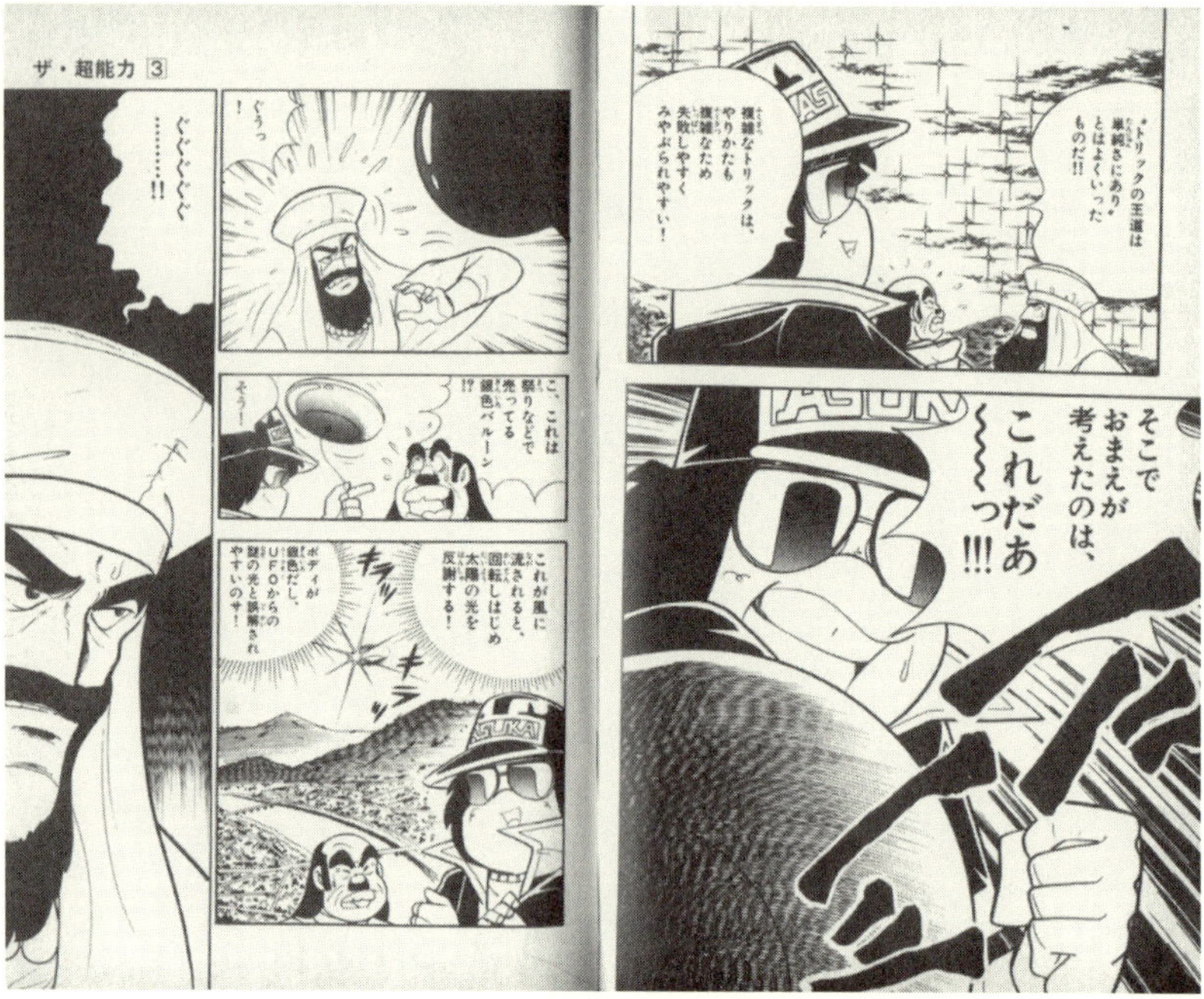

こちらは飛鳥昭雄氏の『ザ・超能力』（小学館）より、銀色バルーンを取り上げた部分

ちょっとがっかりする結論ですけど、自分たちに都合の悪い情報をカットするのはフェアじゃないから、僕も「バルーンの可能性がありますよ」と出すことにした。

「フライングホース」の正体は有名自動車会社の宣伝バルーン

飛鳥　最近では凧《たこ》がＵＦＯに見えるということも指摘されてるね。
山口　電飾凧ＵＦＯ誤認説は僕の説です。
飛鳥　すごく巨大なイカみたいな凧があるんだって？
山口　すごく巨大でピカピカ光るんです。静岡に愛好会があって巨大なヤツを揚げているんですが、どう見てもＵＦＯにしか見えない。やっぱり、そういう否定的な見方があることもきちんと受け入れないとダメなのかなと。
韮澤さんの純情なところも理解できるんですけど、どうしても客観性を求めちゃう性格なんで、１００パーセントのビリーバーにはなれない。アダムスキー世代にはすごく純粋な人も多いんですけどね。
飛鳥　そういう巨大な凧って異様な空中生物にも見える。今、いろんな種類の凧があるから

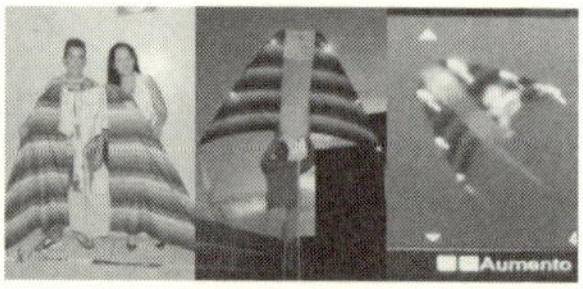

電飾凧もしばしばＵＦＯと誤認される。

ね。
山口　そもそも、メキシコの会社がフライングヒューマノイドとかワームの形の凧を飛ばして撮影してるんです。
飛鳥　それはまぎらわしいな～（笑）。
山口　だから、本物の中にそういうものが混じっている。
飛鳥　それから、馬の形の風船があって、これがフライングホースとして目撃されて……。
山口　あれ、フェラーリの宣伝バルーンです。フライングホースはこれが飛んでいるだけ。
飛鳥　だって、飛んでるのにまったく動いてないからね。

山口　脚はそろったまま止まっている。
だから、大槻義彦さんにはそういうスタンスで解説してほしいんです。でも、『ビートたけしの超常現象（秘）Ｘファイル』でＶＴＲを見もしないで批判するもんだから、僕もキレて「大槻！」と怒鳴っちゃった。
ただ、その直前に僕が放送禁止用語を口にしちゃって、そこのところがカットされてしまったから、何もないのに僕がいきなりキレて「大槻！」と叫んだように放送では見えてしまった。
飛鳥　あれだけ見ると、「敏太郎氏ご乱心」という感じだよね。
山口　あれで僕、母親に「早稲田の名誉教授を呼び捨てにして！」と怒られましたよ。そもそも、始まる前にＴＶのスタッフに「今日は半沢直樹的に激しく攻めてください」と言われたから、ああいう態度になったんですけど。
飛鳥　半沢直樹か（笑）。
山口　まあ、大槻さんにすれば、「何かまずいものが映っちゃったかな」というのがあったんでしょうね。たぶん、大槻さんは自分が関わっているアメリカの秘密兵器としてのＵＦＯの方を隠したいんですよ。
僕は宇宙人とＵＦＯを分けて考えてるんです。宇宙人のＵＦＯは反物質のような存在であっ

て、物質的なUFOというのはアメリカの秘密兵器だと考えています。

アメリカの都市伝説が次の瞬間には日本で流行っている

飛鳥　バミューダトライアングルを知らない若い世代は、今、どんなオカルトに関心を寄せているのかな？
山口　さっき言った双頭の奇形生物の頻発だとか、都市伝説系では、「スレンダーマン」というのが今キテますね。背広を着ていて長身で、『20世紀少年』（小学館）の悪役のような顔をしていて、それで触手が背中にたくさん生えていて、ターゲットにした人にストーキングしてくると。
そして、ストーキングされた人は「スレンダー病」になって鼻血が止まらなくなるとか、森に引き込まれて殺されるとか。まあ、アメリカ版のフォークロアですよね。
僕らが学校でそういう怪談をやったように、アメリカではサマースクールでそれをやるんです。だから、向こうでは「サマースクール・フォークロア」っていう。このスレンダーマンは、そこで今一番のトレンドでしょうね。

スレンダーマン（○部分。提供・山口敏太郎氏）

フィリピンの「ホワイトレディ」
（サイト「Top 10 Scariest Local Filipino Monsters in the Philippines」より）

飛鳥　なるほどね。
山口　結構、各国にそういうものがありますよ。ベトナムだと「人食い婆」という山姥《やまんば》みたいなヤツが街中に出没するとか。フィリピンだと「ホワイトレディ」という透明の女がいて、ある橋でホワイトレディを呼ぶ歌を歌うと現れるんだとか。フィリピン人はみんな知ってる話だと思います。

インターネットで英語の記事を読む人が多くなって、これまでは日本に入ってこなかった話がだいぶ入ってくるようになりました。昔は並木伸一郎先生が翻訳しないと一般に知られなかったような情報が、ネットでは普通に英文で上がってきますから。
飛鳥　並木さんも仕事やりにくくなったな。
山口　あまり新ネタを出さなくなりましたよね。
　僕の持ちネタでは、最近では「エジプト探検隊のご馳走」なんて話もあります。エジプトの墓を発掘すると壺《つぼ》が出てきて開けるといい匂いがする。これはハチミツだろうと思って食べたらおいしかったというんです。
　その後、そこに添えられた文章を解読すると、「遺体をドロドロにして収めた」と書いてある（笑）。
飛鳥　それはヤダな〜（笑）。
山口　結構、アメリカ人がこういうおもしろい話を作っている。
飛鳥　都市伝説のルーツはアメリカだからね。
山口　そうですよね。早く走るおばあさんの話だとか、タクシードライバーの話だとか。そういうアメリカ発の話が次の瞬間には日本に来てる、みたいなことになってきてますね。

第5章

大暴露！オカルト業界の「ヤバい裏話」

ＴＶではカットされる「ヤバい話」

飛鳥　ＴＶではカットされるヤバい話をあえてするという番組が、『怪村』（ファミリー劇場『緊急検証！　日本の怪村～絶対に行ってはいけない村がそこにある～』）かな。あれなんかほとんどピー音だらけだよね。

山口　「怪村」というのはファミリー劇場のディレクターが作った言葉で、「ジェイソン村」とか「人柱村」とかそういう怪しい村を紹介するというものなんですが……飛鳥先生は第２弾ぐらいに出演されましたっけ？

第１弾では、元ミリオン出版の久田将義《まさよし》さんと僕が村系都市伝説の話をしたんですが、どうしても被差別部落の話になってしまう。そこら辺は、民俗学的なアプローチではあってもＴＶでは流せない。

サンカの話なんかも、「サンカは水平社に入っているから」とか何とか言って、怖がって流さない。まあ、僕はサンカの村の話もしたんですけど、ピーが鳴りまくって、それで逆にネットで話題になった。

それが第１弾で、視聴率が良かったもんだから、それ以降も続けようということになった。

ファミリー劇場のサイトより、「日本の怪村」紹介ページ

それで、毎回ヤバい内容になっているんですね。

その後、久田さんとは、ニコニコ生放送でオリンピック都市伝説を決定する企画をやって、それも何万人もの視聴者が見てくれた。やっぱり、都市伝説系は食い付きがいいんですよ。

「月の石」で大槻教授をギブアップさせた

山口　僕はＮＨＫにも出たことがあって、そのときには、ＮＨＫ‐ＢＳ『日めくりタイムトラベル』で口裂け女の話をしたんですね。
口裂け女って口唇口蓋裂《こうしんこうがいれつ》の差別になるから言っちゃいけないという説があったんですが、ＮＨＫでは「民俗学的に現象としてとらえるならいい」ということで、堂々とその話ができました。
飛鳥　なるほど、学問的に触れるならいい、と。
山口　ただ、テレ朝で引っかかったのが「月の石」の問題ですね。アポロ疑惑を言うとおかしなことになる。
実はそれ以前にＴＢＳで、大槻先生が「アポロの持ち帰った石は地球の砂漠の石と同じだ」

と言っていたので、そこを突いてやろうと思ったんです。

「韮澤さんや竹本良さんの言っていることがおかしいと言うけど、大槻さんはアポロが持ち帰った石が、月の石だということには証拠的能力が欠けると言ってるじゃないですか」と。

「それだったら、この場で堂々と『アポロは月に行ってない』と否定してください」と大槻さんに迫った。

ところが、この番組の前に、大槻さんの「月の石否定発言」が原因で、ある大学で物理学者をやっている息子さんへの援助金が下りなかった事件があったらしく、大槻さんは「息子に迷惑がかかるから言えないんだ」ということを言っていたんです。でも、僕はそこをあえて、「アポロが持ち帰ったという月の石はいかがわしいものだと言え」と迫った。

大槻さんにしてみれば、科学者としては月の石の証拠能力は認められないけど、父親として息子を助けてやりたい。そういう板挟みになって大槻さんが論理破綻《はたん》して、私の言ったことは間違っていましたと、そうなった。

今から６年くらい前の年末のスペシャル（テレビ朝日系『ビートたけしの禁断のスクープ大暴露!!　超常現象（秘）Ｘファイル』）でギブアップしたんです。それが大槻さんの初のギブアップ。

ところが、その次の年に僕はプロデューサーから怒られた。アポロの問題をそれ以上突っ込まないでくれ、と。それで、困ったなあと。

たけしさんは、「じゃあ、来年は月の疑惑をもっと掘り下げてみようか」と言ってくれたのに、プロデューサーがＮＧを出すってどういうことか、と。いずれにせよ、僕は口をふさがれた。

テレ朝としてはアメリカと揉めたくないんでしょうけど……もう時効だから言ってもいいでしょう。露骨に止められたのはそれくらいですかね。

飛鳥昭雄は賛成派も反対派も両方ぶっ潰す

山口　まあ、録画物ならいくらでもカットされていますけど。飛鳥先生も相当カットされてますよね。
飛鳥　ありますよ。まず基本的には原発はアウト。「原発は危険だ」と言うとアウト。
それから、携帯電話やスマホはＧＰＳで完全に位置情報を押さえられているわけでしょ。ＧＰＳ衛星は米軍のものでＮＯＲＡＤ（北アメリカ航空宇宙防衛司令部）に直通しているわけだから、位置情報は全部抜かれているのは間違いない。

でも、これも言っちゃいけない。言うと携帯電話関係のスポンサーがあれこれ言ってくるから。
ＮＨＫはスポンサー関係ないけど、「犬ＨＫ」といってアメリカの犬だから、要は日本のマスコミ関係は出版社以外はほとんどアウト。何かの拍子にスポンサーを刺激する、そういう話が電波に乗ったら、ディレクターが叱られて、以後、「飛鳥昭雄は使うな！」となる。
山口　確か、年末のたけしさんの番組でも飛鳥さんは出演禁止でしたっけ？
飛鳥　1回出て……ハイ！
山口　何か言った。
飛鳥　ほら、あれって賛成派と反対派に分かれて軍鶏《しゃも》のケンカをやらせるでしょう？　当然、僕は賛成派の方に座らせられるんだけど、「韮澤さんの言うことには賛成したくないなー」ってなるわけ。
山口　それは、そうですよね。
飛鳥　たとえば、第2次世界大戦中に中国で撮られたという、アダムスキー型のＵＦＯの写真を韮澤さんが出してきたんだよね。ビルとビルの間に浮かんでいるんだけど、あれは実は電線にぶらさげた電球の笠なんです。ピンボケになっているからＵＦＯにも見えるんだけど、僕はその元の写真を持っているから電球の笠だとわかる。

山口　韮澤さん得意のネタですね。

飛鳥　だから、「それは電球の笠だから」とまずそこでぶっ潰して。その一方で反対派のヤツらもぶっ潰す。これ、両方ともぶっ潰しているわけ。

そのときはまだ丹波哲郎さんが存命のころで閻魔大王役をしてるわけ。それで、「こちらの方（賛成派）には裏切り者が1人おる！」って（笑）。

それで、向かい側の席に座っている大槻さんが僕の方を指差して、「こっちに行くほどまともだ」って言ったんだよね。まあ、それはカットされたけどね。

そういうわけで、僕のスタンスはあの軍鶏のケンカには合わない。

山口敏太郎の「強制退場」をビートたけしが止めた

山口　確かに、ＴＶでは「プロレスをやってくれ」と頼まれる。二極論のプロレスを。二極論で割り切れないことってたくさんあるんだけど、僕もプロレスファンだから、「ああ、こういうブック（台本）でやるんだな」とある程度はそれを飲む。
ただ、大槻さんを潰したときは、「出版業界でやっていければＴＶはダメになってもいいや」

と思ってやっちゃったんです。このとき、スタッフに引きずり出されそうになったんだけど、たけしさんが止めてくれた。

大槻さんを論破した瞬間に、大槻さんというキャラを潰しちゃったわけじゃないですか。これは、プロレスでいうと「ブック破り」ですから、ディレクターが僕を連れ出そうと走ってきた。

ところが、たけしさんが「やめろ」と。「山口さん、もっと続けていいよ」と言ってくれたんです。

「こういうのがオカルトに対する新しい議論であって、もし、山口さんを出すんだったら、俺はもう帰る」と言ってくれた。だから、たけしさんはやっぱりわかっている人だと思いましたね。

ただ、アポロ疑惑についてはあの番組ではもう触れられなくて、当時の担当プロデューサーももう辞めちゃった。そこは、どうしても触れてはいけないところなんでしょうね。

飛鳥　実はアポロ11号とＵＦＯ事件は密接につながっていて、矛盾を一つ掘り下げると必ずＵＦＯ問題と直結する。だからＮＡＳＡはアポロ計画の重要書類を入れた数百箱の段ボールすべてを紛失したことになっていて（そんなことないだろ）、提出できないことになっているぐらいだ。

大槻さん関係の話はいっぱいあるから、後でまたじっくり話そうか。
山口　そうですね。

高野秀行氏の「ムベンベに賭けた青春の思い出」を飛鳥昭雄が2秒で撃沈

飛鳥　ところで、敏太郎さんと最初に会ったのは3年くらい前だった？
山口　いや、4～5年前ですね。
飛鳥　関西テレビの番組で初めて会った。
山口　『未確認思考物隊』（関西テレビ系）という番組で、大槻ケンヂさんとか北野誠さんとかと出ていましたね。
飛鳥　関西ローカルの番組でね。
山口　UMA（未確認生物）の回で、早稲田大学探検部OBの高野秀行さんと飛鳥先生と僕でいろんな話をしていたんです。で、高野さんは大学時代にモケーレ・ムベンベの探索にすべて捧げた青春の思い出を語ったんですね。
大学時代にムベンベが棲息するという沼に行ったら、沼の深さが1メートル程度しかなくて、とてもＵＭＡがいる感じじゃない、と高野さんはショックを受けた。そういう話をしていたら、飛鳥先生が「これが捕まえたときの写真だ。高野クンが行ったときにはもういなかったんだよ」と写真を出してきた。
それを横で聞いていて僕は、「ひどい話だなー」と（笑）。青春を２秒ぐらいで簡単に否定しちゃったんですから。
飛鳥　彼は確か早稲田探検部にいて、コンゴのテレ湖に行ってきたんだよね。で、たった一言で想い出の青春が吹き飛ぶなんて……ひどすぎるね！（笑）
山口　高野さんがショックを受けていて、ちょっとおもしろかったけど。

有名オカルト雑誌に弓を引いた山口敏太郎はどうなったか？

飛鳥　で、番組収録が終わった後に打ち上げがあって、そのときに敏太郎さんとは初対面だったということで話をしてね。
山口　話をさせていただいた。ちょうど、僕が『ムー』では食えないなと思っていた時期で……。

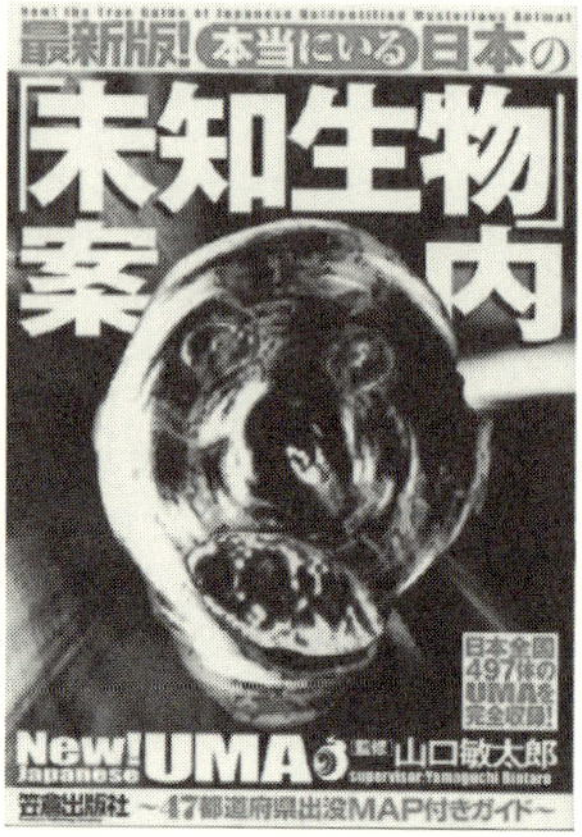

『本当にいる日本の「未知生物」案内』（山口敏太郎監修、笠倉出版社）

飛鳥　そういえば、『ムー』で賞を獲ったんだよね。あれ、いつだっけ？
山口　96年です。「妖怪進化論」というヤツで賞を獲りました。
飛鳥　入選作の中ではトップだった。
山口　優秀作品賞で一番上の賞ではあった。でも、2～3ヵ月に1回しかお鉢が回ってこないんじゃ食えないし、先輩方がいらっしゃるので、いつまで経っても下っ端扱いなんです。
それで、どこか違う場所で食えないかなと考えてみると、ちょうどコンビニ文庫が充実し始めたころだったんですね。そこで僕は、コアマガジンさんとかリイド社さんとか、竹書房さんとか各社と組もうと思った。

で、笠倉出版社と一番仲良くなって、笠倉で『本当にいる日本の「未知生物」案内』（笠倉出版社）っていうのを出したんですよね。それが10万部超えて、あっという間に4刷までいった。

ところが、それに追随するように『ムー』が同じようなものを出してきた。まあ、それはいいんですが、ともかく『ムー』編集部とはいろいろあって、「『ムー』は日本のオカルトを滅ぼす」と思うようになった。それで、あそことは完全に縁を切ったんです。

飛鳥　まあ、いろいろあったらしいね。

山口　そういう経緯があって、作家・山口敏太郎を生み出してくれた古巣ではあるけれど、『ムー』に対して反旗を翻すことになったんです。

当時、僕の会社には弟とカミサンしかいなかったんですが、「『ムー』に弓引いてオカルト業界で生き残る術はない」と、みんな反対しましたよ。

でも、前田日明《あきら》は新日（新日本プロレス）に弓引いて生き残ったじゃないですか。僕はプロレスマニアなんでこういう例えになっちゃうんですけど、長州力も藤波と猪木に弓を引いても生き残っているんです。

そういう成功パターンがあるから、『ムー』に弓を引けば、その男気を感じてファンが集まると。絶対にアンチ『ムー』がいるはずだから。

『紙の前田日明』（ダブルクロス）の表紙

周りの友達の中には縁が切れた人もいたけど、それでも、応援してくれる人もどんどん集まってきて、結局、出版業界で『ムー』が数万部しか売れない一方で、僕なんかは1日に27万人もサイトに来たことがある。

少ないときでも1～2万人です。だから、もう『ムー』を超える影響力があるといっていいかもしれない。

出版大手二社が「あすかあきお」のコンテンツを奪い合う！

山口　『ムー』と決別した後、『怪』（角川書店）の京極夏彦さんが気を遣ってくれて、「連載を持ってきたらやらせてあげるよ」と言ってくれたんですけど、それを受けると、京極さんの子分として食っているだけになるじゃないですか。
飛鳥　『怪』って、まだ続いているの？
山口　年に1回か2回、ムックで出してます。
飛鳥　荒俣宏さんも出てる？
山口　『怪』で書いてますね。
飛鳥　そうなんだ。
山口　それで、僕は京極さんの子分と思われるのが嫌だったから、「俺は京極さんの世話にはならないし、『ムー』にも弓を引くぞ」とやった。そうしていったら道が開けたんですよね。で、ちょうどそういうころに、関西テレビの『未確認思考物隊』の打ち上げで寿司を食べながら、飛鳥先生に愚痴を言っていたわけです。
飛鳥　ああ、そういう時期だったね。

山口　そうしたら、飛鳥先生がT書店の話をし始めた。
飛鳥　T書店から出す新雑誌で編集長をやらないか、と。
話をさかのぼって言うと、『ムー』って老舗じゃないですか。その後、『トワイライトゾーン』（KKワールドフォトプレス）とか『月刊マヤ』（学研）とか『ワンダーライフ』（小学館）とか『ボーダーランド』（角川春樹事務所）とか出てきたんだけど、それらがバタバターっと潰れていって、最後は『ムー』しか残らなかった。
ということは、これは『ムー』の独裁政治なんだ。で、このままじゃ良くないなと思ったわけ。
そういうときに、当時T書店にいたIさんから、「飛鳥さん、T書店で『ムー』のようなものを考えているんだけど、編集長やりませんか」と話があった。
実はこれ、T書店の一つの策略なんだ。僕を『ムー』から引き抜いてT書店に持ってこようというね。だから、学研側はそれをさせないために、前々から予測して共著者という形でMという人物をつけたわけ。
山口　巧妙な戦略ですよね。
飛鳥　ところが、僕はマンガの方で、ひらがなの「あすかあきお」という名前があって、こちらの方には『ムー』編集部は一切タッチできないんです。だから、T書店に僕が行ってしまうと、そのコンテンツをそのままがっさり持っていくことになる。これをＩさんは狙っていたみたいなんだよね。
山口　なるほど、どちらも策士だ（笑）。

『不思議大陸アトランティア』が２号で休刊した理由

飛鳥　『ボーダーランド』は荒俣さんと横尾忠則さんがやっていたでしょう？　ただ、彼らはあくまで名誉職の編集長であって、本当の実行部隊は副編集長とかデスクがやっていた。つまり、名義貸し。
山口　そうでしょうね。
飛鳥　それと同じ名義貸しだとしても、僕がＴ書店に動いたらこれはエライことになると思って返事を引き延ばしていたんです。そういうときに敏太郎さんと出会ったんで、「あ、編集長やってみる？」と声をかけた。
それで、あちらが「ムー」なら、こちらは「アトランティス」でいいじゃないかと。両者でしのぎを削ればいいということで、そう決まった。で、敏太郎さんをＩさんに紹介して、Ｔ書店の上の方の人にプレゼンした。
山口　プレゼンしましたね。
飛鳥　で、やろうということになったんだけど、「アトランティス」じゃダメで「アトランティア」になった。
山口　「アトランティス」の商標はディズニーが押さえていたから。
飛鳥　ひどいんだよ（笑）。アニメのタイトルだった「アトランティス」をディズニーが他の分野も含めて取るなんて……。
山口　おかしいですよね。
飛鳥　おかしいよ。「京都」という商標を中国が取るようなものじゃないか。
まあ、それはいいんだけど、結果的には「アトランティア」になった。そのときに、渦巻きみたいなマークを作ったりしてね。その辺は敏太郎さんが詳しいけど。
ともかく、僕は「世界統一政府」が嫌いなんで、どの分野にも必ず2つの勢力があった方が健全だと思うわけ。だから、この『不思議大陸アトランティア』も応援しようと思った。
山口　結局、この本は2号で消えてしまったんですけど、これには理由があって、もともと刷り部数○万、実売×万でじわじわ伸ばしていけばいいだろうと言っていたんですが、T書店の営業がその何倍も刷ってしまい、結果、損益分岐点を突破しなくなって「2号でおしまい」となった。
飛鳥　分母の数が多すぎた。いきなり△万部じゃあね……。
山口　コンビニ側が「もっといけますよ」ってそそのかした。そういう経緯だったので、『不思議大陸アトランティア』は本当にもったいないことをしたな、と。
で、結果的には、『ムー』から出ておきながら、ライバル雑誌を作った裏切り者として僕が脚光を浴びただけだった。
飛鳥　これが出たために、もっと険悪な関係になった（笑）。

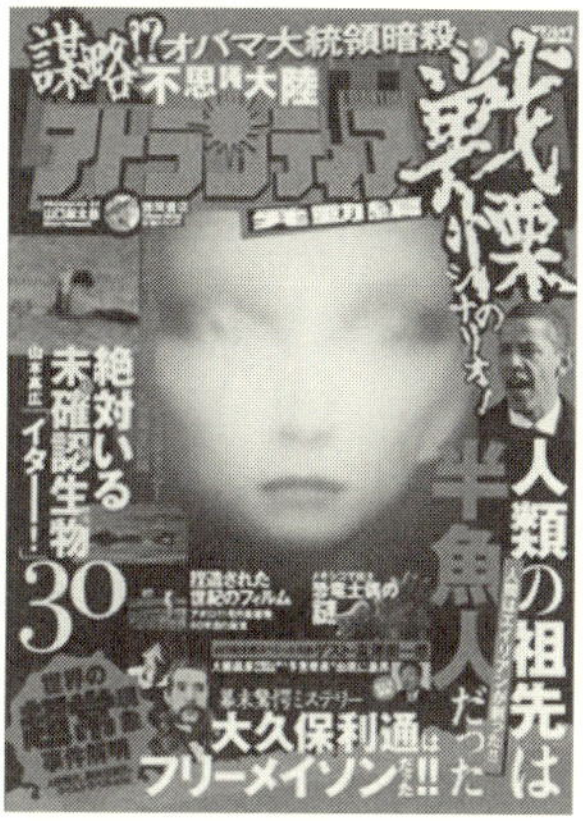

『不思議大陸アトランティア』創刊号

山口敏太郎掃討の動きの黒幕は飛鳥昭雄だった!?

山口　ただ、このときに僕に付いてきたライターがたくさんいたので、事務所を株式会社にして、それで「俺がアトランティアだ。俺が生きている限り抵抗運動を続ける」ということで、やっていくことにしたんです。

で、出版でやりにくくなって、どこに行くかというと、もうTVしかない。それで、TVに営業をかけまくって、『おはスタ』（テレビ東京系）のレギュラーになったり、同じテレ東の『ヴァンガ道』という小中学生向けの番組で準レギュラーになったり、あと関西の読売テレビに『上沼・高田のクギズケ！』ってあるんですけど、これもレギュラーになったりした。

あとは、朝日放送の『探偵！　ナイトスクープ』や『ビーバップ！　ハイヒール』。それから、TBSの『有吉AKB共和国』とか、そういう風にTVに活路を求めたんですね。

結局、『ムー』で出番がなく、コンビニに行ったらそこにも『ムー』が攻めてきて、我々敗残兵はTVに行かざるをえなくなった、と。で、TVに行った時点で流れが変わってきて、今、TVやラジオは年間100本以上出ています。

飛鳥　実は、僕はそういう敏太郎さんの動きをまったく知らない段階で、『ムー』の編集者に

「コンビニ本を何で出さないの？」と言ったことがあるんです。「コンビニに進出しないのはおかしいよ」と。

僕は前から、『ムー』という雑誌の中のテキストを埋もらせておくつもりか、と言っていたんだ。過去の記事をテーマごとに集めて再編集すれば簡単に出せるんだから。

ところが、当時の編集長は「それは編集者として許せない。編集人としては一からちゃんと手をかけないといけない。そうでないと編集者の意味がない」と言うんですね。ま、ある意味では編集の王道なんだけれど。

ところが、副編集長に同じ話をしたら、「やりましょう」ということになった。で、僕のマンガなんかも何冊かコンビニ本で出た。

だから、あのコンビニ本の企画というのは、『ムー』編集部発ではなく、飛鳥昭雄発なんだ。でも、結果的にそれが敏太郎さんの企画と競合する形になった。

山口　そうなんです。僕が逃げた先に『ムー』の侵略部隊が来て（笑）。

前田日明のスタイルをオカルトジャーナリズムに持ち込め

山口　でもね、僕が『ムー』で書いていたときから、カミサンには「たぶん、『ムー』の息の根止めるのは俺やで」って言っていたんです。「何か、『実家』を壊しそうな予感がする」と。
プロレスで言うと、前田日明がＵＷＦを作ったことで格闘技ブームが広がったでしょう。それで、新日（新日本プロレス）の業績が悪化して、今はブシロードグループパブリッシングに買収されて子会社になっちゃった。それと同じことで、山口敏太郎の味を知ってしまうと、たぶん『ムー』は読めなくなってしまうんです。
飛鳥　なるほどそういう意味か……確かにそれはそれで立派な意志だ。
山口　それで、僕がＴＶに進出するときに考えたのは、『ムー』がビリーバースタイルでやっていたものを、僕は９割が否定で、１割だけにビリーバー要素を残すやり方に変えることなんですね。
これは、新日を出た前田が１００パーセントの八百長じゃなくて、９割ぐらいガチでやって、プロレスのアングラ部分を１割にしたことと同じなんです。そういう味付けに僕も目をつけた。

つまり、ちょっとだけロマンを残して、「と学会」みたいに100パーセント否定することはやめようと。そう思って始めたのが僕のスタイルなんです。

ただ、自分の発想的には、「と学会」に共鳴するところもかなりある。一方で、「わからんものはわからんでええんちゃうか」という気持ちもあって、それが、今の高校生から20代の世代にウケた。

というのも、彼らはインターネットですぐに裏を取るじゃないですか。2ちゃんねるとかの影響ですごく疑り深い若者が多い。

その彼らに対して僕は、「これは嘘だった」「これも嘘だった」とやっていって、「でも、これは本当のところわからんで」とやった。そういう出し方がウケたんですね。それでTVから火がついて、今に至るわけです。

飛鳥　敏太郎さんはTVとネットの両方でうまく回してるよね。

山口　そうですね。ネットはやりようによってはかなり儲かりますから。たとえば、今、アプリは7つぐらい出してますよ。

飛鳥　「アトランティア」という名前を前面に出してるんだよね？

山口　メルマガでは「サイバーアトランティア」としてやってます。

よく、「アトランティアはどうなったんですか」って聞かれるんです。だから、「いやいや、俺がアトランティアやから、俺が死ぬまで続ける」って答えています。

反オカルト教授は米軍のプラズマ兵器開発に関与しているのか?

山口　オカルト業界のことについて話すときに外せないあの教授についても、改めて触れておきましょうか。
飛鳥　大槻さんは基本的には僕のプラズマUFO飛行理論を否定できない。だって、プラズマでUFOを覆って飛んでるという理論なんだから、僕の言うことを否定したら自分を否定することになる。
山口　そういえば、この前、僕が『大人のケンカ』（日本テレビ系）でプラズマ兵器のことを大槻さんにぶつけてみたら、放送時にはバッサリとカットされてました。
「大槻さんは早稲田大学の名誉教授という立場でカナダで遊んで暮らしてるらしいけど、ほかの歴代教授は名誉教授までいってもせいぜい東京の郊外に暮らせるぐらいでしょう。それなのに、大槻さんだけがゴルフ三昧の豊かな生活ができるのは、プラズマ兵器の技術を米軍に研究供与したからでしょう?」とそうぶつけてみた。そうしたら、大槻さんがひどく動揺して（少なくとも僕にはそう見えた）、現場も騒然としたんです。

さらに、「科学が優秀だとおっしゃるが、科学以上のものがあって、それが政治と軍事なんですよ。科学も政治と軍事の前には屈服せざるをえない。科学っていうのは万能じゃないんですね」と問い詰めていったら、「科学っていうのはそういうものだ！」と絶叫し始めた。

それで、「ということは認めるんですね。あなたの研究がプラズマ兵器に転用され、人々が

大槻義彦名誉教授（左）と飛鳥昭雄氏。どちらも若い！（提供・飛鳥昭雄氏）

イラクでたくさん死んでいる対価であなたは豪勢な暮らしをしているんじゃないか」と追い討ちをかけた。すると、「そのことについては知りません、わかりません」と言う。
ただ、その部分は丸々カットですよ。
飛鳥　そうかー、それはそうだろうな。本当は核心部分なんだろうけど。
山口　ところで、実際、どうなんですか？　湾岸戦争でプラズマ兵器が使われて黒こげの死体がたくさんあったといわれてますが、やはり、プラズマ兵器の試作品を使ったということじゃないんですか？
飛鳥　湾岸戦争でもイラク戦争でもプラズマ兵器を使っている。だから、イラク兵の死体がまったくない。
山口　体の一部が焼け焦げた死体があったともいいますが。
飛鳥　アメリカ兵は自国と友軍の兵の遺体をきちんと埋葬しているけど、イラク兵については死体がほとんどないんです。
死体すら残らない。そういうおかしなことが起きている。
実際、大槻さんはそれらしきことを言っている。これは『ムー』のM編集長も聞いてるんだけど、「飛鳥クン、君のおかげで大変だよ。M重工業からもプラズマ兵器の話がくるし、もう、君のおかげで大変だ。非常に困った」とそう言っていた。

ただ、大槻さんはプラズマ兵器のことは最初否定していた。後にその存在を肯定するんだけど、最初は「そんな大量殺戮兵器をアメリカが作るわけがない」と言っていた。それで、僕が「あれ？　原子爆弾を作ってますよね」と言うと、グッと詰まっちゃったんだけどね。

編集長からのメールを無断で全文公開

飛鳥　それで、M編集長が、大槻さんがアメリカの某財団から何億というお金をもらってるということを、Ustreamで言っちゃったんだ。
山口　だって、大槻さんってすごいお金持ちですよね。
飛鳥　そう。それで、そのM編集長の発言を誰かが大槻さんにチクって、その後、たまたま僕が大槻さんのサイトを見たら「Mを訴えてやる！」って書いてあった（笑）。
それで、M編集長が詫び状というわけじゃないけど、事の経緯を書いて大槻さんにそれを送った。もともと、大槻さんとM編集長も仲はそう悪くないんだけどね。取材も快く受けてくれてたし。
それで、大槻さんによると、某財団からは受け取っていない。他の企業では、直接お金は受け取ってなくて、早稲田大学を通して自分の手元にも一部がくるとのこと。要はM氏のいうような某財団や金額はありえないと。
一方、M編集長によると、大槻さんがお金をもらっていると自分で述べている本を見た（またはコメントを聞いた）ことがあるというんだけど、それが何という本でどこにあるのか忘れちゃったというんだよ。
山口　証拠があるけど忘れた。
飛鳥　そう。探せば出てくると思うんだけど、ともかく、そこで大槻教授がそういう説明をして手打ちとなった。M編集長が謝ってきたということで、そのメールを全文公開してね。
山口　大槻さんはすぐ人のメールを公開するんですよ。
飛鳥　あれ、本当はダメなんだよ。著作権あるんだから。
おそらくあの世代だからネットを軽く見ていて、手紙と同じ扱いということを知らないいんじゃないかと思う。
山口　私文書ですから。
飛鳥　ともかく、M編集長のメールを公開して、「謝ってきたから許してやる」となった。
M編集長によると、説明しただけで謝ってはない、ということなんだけど、大人の手打ちとして、そこでこの話は終わりになった。

山口　僕も大槻さんと論争すると、必ずそこから３日間ぐらいはブログに僕の悪口が連載されるんです。
それはそれとして、最近は何かおかしなことも言っている。一部のＴＶのスタッフに「山口クンは僕の教え子なんだ」とかね。
飛鳥　教え子だった？
山口　確かに、僕が行っていた神奈川大学の先生だったことがある。でも、僕が入学したときにはもういなかったんです。僕が入学する12年ぐらい前に早稲田に行っているから。
あと、「山口クンは最近、僕をパーティに呼んでくれないんだ」とも。でも、パーティなんか１回も呼んだことないんです。
だから、大槻さんもちょっと年をとられて誰かと勘違いしているのかなと。そういう気がしますね。

「飛鳥クン、僕はエリア51に入れる資格を持っているんだ」

飛鳥　大槻名誉教授は最近、寂しがっているような気がする。「昔は『火の玉博士』とかいわれて各局からお声がかかった。でも最近は年に1回の年末くらいにしか呼んでくれなくなった。寂しい」と、そういうことを言っていたという話を聞いた。
本当かどうかわからないけど、出演本数が少なくなっているのは間違いない。
山口　僕の知る限り、まだ年に4回ぐらいは出ていますよ。
飛鳥　そうなんだ？　まあ、正確な回数はともかく、僕がTV関係者から聞いた話では、大槻教授には女性ファン層がついてないんだって。それは、韮澤さんをイジメすぎたから（笑）。
山口　ちょっとやりすぎですよね。
飛鳥　やりすぎ、やりすぎ。だから、かえって韮澤さんの方へ女性票がダーッと流れちゃう。かわいそうにあんなに言わなくてもいいのに……っていう女性の同情だな。
で、TV局にすれば女性票がないと視聴率を取れないんで大槻教授をあまり使わなくなった。これはTV関係者から聞いたことです。だけど、このままTVから消えるには、惜しいキャラクターであることは間違いない。
少し前にも、「飛鳥クン、僕はエリア51に入れる資格を持っているんだ」と言ってきたんだけど……。
山口　それは、明らかに米軍の協力者ということじゃないですか。
飛鳥　それで、「僕がその気になれば飛鳥クンを連れていける」という。「ロシアのツングースにも一緒に行こう」と企画を持ってくる。
僕に持ってこられても、という話なんだけど。まあ、最近は少し寂しがっているんだろうな、と。
こういうことを書くとまた叱られるかもしれないけど、たとえ大槻名誉教授が忘れても、言われた側は覚えているからね。
山口　大槻さんの事務所が経営している飲み屋があって、一度、そこに来ないかと誘われたんですが、忙しくて断ったらすごく寂しそうでしたよ。
飛鳥　だって、名誉教授って「名誉」だけなんだから。一時、一世を風靡したころを思うと孤独感があるんだろうね。
山口　ゴジラ（『ゴジラ　FINAL WARS』）にまで出てましたからね。
飛鳥　うん。何かボソボソっと一言セリフを言ってたな。

「火の玉博士」のころの大槻教授はよかった

飛鳥　そうそう。大槻名誉教授といえば、同じ早稲田大学の吉村作治教授とプレステージ

（『こだわりTV PRE★STAGE』テレビ朝日系）でケンカしたこともある。
山口　宜保愛子さんの霊能力を吉村さんが一部認めて、それ以来、不仲になったんですよね。
飛鳥　吉村さんは遺跡を探していて、「ここに何かある」というのが勘でわかる。一方、大槻さんは「1＋1＝2」でないと気がすまない。そこで、2人が未知の部分を認めるか認めないかで番組内でケンカしちゃった。
吉村さんは「そんな杓子定規《しゃくしじょうぎ》なことじゃ世の中通用しないんだ」と言い、大槻さんは「それが科学だ！」というような感じで言い合って、そこで番組が終わった。同じ早稲田大学の両巨頭がケンカしちゃったわけ。
山口　当時、吉村さんは助教授（今の准教授）で、大槻さんが「だからあいつ（吉村氏）は助教授止まりなんだ」というようなことも言っていたんです。うわー、ここでそんなヒエラルキー出すんや、と思いましたね。
飛鳥　ただね、大槻さんは実は大のオカルト好きなんだ。だから、最初のころ、自ら「火の玉博士」と名乗ってたでしょ。もともと、ヒトダマを見たことからプラズマ学に入っていった人だから。
山口　そうそう。最初のころは「火の玉博士」として、未知なるものを実験してみるという動きがあったんです。

今でいうと「ぜんじろう」さんのような感じ。子どもたちに科学のおもしろさを伝える若き研究者みたいなイメージがあった。

飛鳥　不思議な現象に科学のメスを入れて整理しようとしていたのかもしれない。それが、あまりにやりすぎた。韮澤さんをズタズタにやっちゃった。

僕の場合は、「大槻さんの理論でＵＦＯを飛ばせますよね」と持っていった。大槻さんはこれを認めざるをえない。そういうことで、僕に対して振りかざした刀は鞘《さや》に納まった。

「雲を消す行者」をつい認めてしまった

山口　僕は2年くらい前に、犬ががん細胞の匂いを感知するということについての論争を大槻さんとやったんです。
これは、九州大学とかそういうところできちんと研究しているんですね。人の呼気を採取して、がん患者のものがどれかわからないようにして実験したところ、ちゃんと犬は嗅ぎ分けた。そのように、ちゃんと研究しているのに、大槻さんはそのデータを検討することもなく頭から否定しているんです。

それで僕が、「大槻先生は物理学が専門であって生物学は詳しくないでしょう?」と突っ込んだら怒り始めて、「私は一国民として意見を言っているんだから、いいだろう」と。じゃあ、それはそれでいいですよ。ただ、大槻さんは、僕が日テレか何かで論争したときには、「おまえが科学に対して言うなあ！」とか言っている。発言がそのときどきで矛盾しているんです。

あと、NHKか何かで、お湯が水よりも早く凍るという現象を紹介したら、大槻さんがすごく怒っていたでしょう? ところが、そういう現象が実際にあるということが公に立証された。

だから、僕は今度、大槻さんと番組で一緒になったら、「自分の理論が間違っていたら、学者を引退すると言っていたのは本当ですか?」と突きつけてやろうと思っているんです。

飛鳥　もう引退してるようなものだけど（笑）。

大槻さんはときどきミスを犯しているんです。というのは、雲を消す行者がいて、雲に向かってこうやって手を動かしているうちに本当に雲が消えてくるんだよ。

それで、大槻さんがつい「はーっ、不思議なことがあるもんだ」と言った。そこでその番組は終わった。

でもね、実は雲っていうのは放っておいても消えるんだ。小さなヤツは2～3分で消える。で、雲消しに関しては次のスペシャルのときに大槻さんはごまかしていた。前の発言をなかったことにしたかったんだね。

オカルト否定派のMは論理的思考ができない

山口　大槻さんはあまり論理的ではないんですよね。同じように、Mさんも論理的ではない。タレントとして論理的なキャラを演じて、朝の番組のコメンテーターの仕事を取りたいだけなんでしょうね。

これも、たけしさんの番組なんですが、Mさんが「若いころに白いモヤモヤしたものを見て、一瞬幽霊かなと思ったけど自分ではこれを幻覚だと判断した」と発言したんです。

そこで、僕はすぐさま、「それは自分では判断できませんよ」と返した。「幻覚を見ている人は、それが幻覚なのかどうかを自分の主観では判断できない。目の前を実際の物体が横切るときの脳の反応を調べないと、それが幻覚かどうかは判断できない」と言った。

自分で幻覚を見たと思うのは、あなたの主観であって、科学的事実ではない。そういうことを言ったら、彼は僕が言っていることの意味を理解できないんです。そこで、「ああ、この人は論理的ではないんだ」とわかった。

飛鳥　なるほどね。
山口　あと、幽霊の論争をやったとき、Mさんに「じゃあ、『幽霊とは何のことを言うのか』という定義を決めてからやりましょう」と言ったら、彼とそのファンが大騒ぎして怒るんです。これもおかしいでしょ。
だって、ディベートというのは取り上げる物事についてまず定義しないといけない。そこにズレがあると困るじゃないですか。
特に、幽霊というテーマになると、人によって定義が違うんだから、そこをすり合わせて共通ルールを決めないと話がかみ合わない。そこを説明してもわからないんです。だから、あまり頭がよろしくないな、というのが正直な感想ですね。
そういう風に、今までの否定派というのは、あまり論理的ではない人たちが勢いと恫喝《どうかつ》とデカい声で、韮澤さんとか竹本良さんをイジメてきただけなんですよ。だから、いざ論理的な人間が肯定派に入っていくと総崩れになる。
飛鳥　あれは軍鶏のケンカと同じで怒鳴り声が大きいヤツが勝つんだよね。だから、俺はああいう番組はもういいやと思った。あれはそばで見てる方がおもしろいや、って。
山口　この前、読売テレビでMさんと会ったときに、「Mさん、年末の番組は出ないんですか？」と聞いたら、「僕は人の揚げ足をとるような番組は嫌いなんだ」って。

それ、おまえがこれまでやってきたことじゃねえか、と思いましたよ（笑）。まったく矛盾している。
飛鳥　意外と、やっている本人も嫌々やってるのかもしれない。そういうキャラを演じさせられているというかね。
山口　そうでしょうね。だから、突き詰められていくと、そのキャラが崩壊していく。

韮澤さんのキャラは地そのまま、だからある意味で最強

飛鳥　そういう意味では、韮澤さんが一番ケセラセラだよ。あの人は地だから。世の奥様方からも「韮澤さんかわいそう」って同情されるし。
山口　どこか母性本能をくすぐられる。
飛鳥　だから、最後に残るのが韮澤さんね。
ただ、僕はいろんな番組で韮澤さんと一緒になることが多いから、つい言ってしまう。「韮澤さんね、いつも正面突破を狙うから集中砲火を受けるんですよ。たまには、ちょっとフェイントをかけるとか変化球を投げるとかやってください」と。

『ニラサワさん。』
（韮澤潤一郎研究会著、たま出版）の表紙

『宇宙人はなぜ地球に来たのか』
（韮澤潤一郎著、たま出版）の表紙

でも、ダメなんだ。またまっすぐ行っちゃう（笑）。
山口　そして、滅多打ちにされる。
飛鳥　それでわかった。この人は狙ってやってるんじゃなくて、これしかできないんだと。
山口　そうなんです。最初、僕は社長自ら、たま出版を宣伝するためにピエロを演じているんだと思ったんですが、カメラが回ってないときもずっと同じ調子なんで、「あ、これは地なんだな」と。
韮澤さんといえば、２０１１年に出した本（『宇宙人はなぜ地球に来たのか』）がおもしろかったですね。飛鳥先生は読みました？　アダムスキー信者から見た今のＵＦＯ概念が整理されている本なんです。
これまで、僕はアダムスキーを信じている人ってちょっとおかしいんじゃないかって思ってたんですが、この本には、納得いく説がずいぶんありましたね。

ジュセリーノのブームはもっと延命させることもできた？

飛鳥　たま出版はたまにホームランを打つ。ジュセリーノのときもそうだった。

これはスサノオに扮した出口王仁三郎

山口　あれは最初、歯医者の先生がスポンサーになっていた。ジュセリーノを最初に日本に呼んだのがその歯医者の先生で、僕の前からの知人だったから、ジュセリーノが初来日したときのパーティに呼んでくれたんです。そうしたら、今、大臣をやっているSさんとか、政治家が何人か来ていましたよ。
それで、その歯医者の先生がジュセリーノに、王仁三郎の作った陶器をあげたら、ジュセリーノの夢枕《ゆめまくら》に天照大神の扮装をした王仁三郎が立ったというんですね。いろいろな神々の扮装をした王仁三郎の写真があるんですが、まさにそういう格好で夢枕に立った。
飛鳥　それはおもしろいね。たとえ思い込みや勘違いだったとしてもおもしろい。
山口　僕は最初、彼のことを「ただの睡眠障害のおっさん」ぐらいにしか考えてなかったんですけど、その後、あれよあれよという間に有名になって、例のスポンサーの歯医者さんとも切れてしまいましたね。
ただ、もうちょっとジュセリーノも地道にスポンサーを押さえながらやっていけば、「延命」できたんじゃないですか。戦略的にミスがあったんじゃないかな、と思いますね。
飛鳥　でもまあ、考えてみれば、ほどよいときに現れて、ほどよいときに消えたかな。
山口　韓国ではずいぶん儲けたようですが、今はもう韓国からも「追放」されました。講演会やテレビでだいぶ活躍したようですけど、予言が外れちゃうからどうしようもない。
飛鳥　ああいう予言では「何年何月何日何時」と言っちゃダメなんだ。「この何年間のうちに、こういうことが起きる可能性が極めて高い」ぐらいにしておけばよかった。
ところが、時期を特定して予言する人が意外と多い。そういう人で当たったのは滅多にない。
山口　だって、アカシックレコードが実在して、彼らが実際にアクセスしていたとしても、しゃべった段階で時間軸とかズレちゃうわけですから、確実に当たるわけはないですよ。そういう意味で、予言者はちょっとしんどいのかな、と。
それはそうと、ジュセリーノの日本での活動をマネージャーとして支えてたのは、大手航空会社のキャビンアテンダントの女性なんですよね。

飛鳥　それがマネージャー?

山口　そうなんです。労災で休みを取っていて、その間だけマネージャーをやっていた。

後に、その彼女が僕に連絡してきて、「航空会社のOBが集まるところで陰謀論系の講演会をやりませんか」と言ってきた。それで、やってみようかなと思ったら、僕の前にやった人がサイキックアタックで講演中に死んだというんです。

アメリカの陰謀的なことをしゃべっていた人が講演中に死んだと。で、「次、敏太郎さんどうですか?」と。

もちろん、「やだよ、俺はそんなところではやらない」って断りました(笑)。

日本ではフリーメーソンまで官僚的

飛鳥　オカルト討論番組の常連のオカルト研究家・某氏についても触れておく?
彼がフリーメーソンに入っていることは公然の秘密だけど、何か破門になるらしいんだよね。いろんなところでメーソンのことをしゃべりすぎたという理由で。
山口　そんな、話すとまずいことを言ってました?

飛鳥　欧米だったら大丈夫。でも、日本のメーソンはトップスリーまで全部日本人だから、頭ガチガチなんだ。要は融通が利かない。よくいえば真面目、悪くいえばマニュアル人間なんでしょう。
山口　年配の方ばかりなんですか？
飛鳥　ジイサンばっかり。だから頭が固い。その点、欧米は老人でも柔軟ですよ。だから、欧米はあれだけフリーメーソンを大きくできた。今では女性も入れるロッジがあるしね。
一方、日本のメーソンは頭がガチガチで、ちょっとでも違うこと言うだけでダメ。
山口　メーソンってクビになっちゃうんですね。何やかんや言っちゃうと。
飛鳥　欧米でもそれはあるけど、日本の破門は非常にチンケ。応用力も柔軟性もまったくない。その理由はトップスリーが全部日本人だからなんだろうな。
山口　じゃあ、欧米なら某さんぐらいしゃべってもいいんですか？
飛鳥　全然、問題ない。
山口　そういうもんですか。
飛鳥　日本のメーソンは多くがマニュアル中心主義。欧米ではマニュアルは「ただのマニュアル」だけど、日本ではマニュアルは「憲法」なんだ。そこに書いてあることは一言一句外せない。

一方、欧米はマニュアルを応用しようとする。
山口　マニュアルは基本形だから、それを応用しなさいよ、ということなんですね。
飛鳥　そうそう。海外は個人主義が発達しているからバランスが取れる。一方、日本は個人主義がなくてマニュアル主義。だから、自粛＋内向き志向＋官僚主義＋同調圧力＋マニュアル人間＝ガチガチ。
山口　五箇条の御誓文《ごせいもん》だ。
飛鳥　欧米は「してはいけないこと」以外はすべてやっていい。そういう文化。一方、日本は「していいこと」以外はやっちゃいけない。だから、日本はいろんな意味で許容範囲が狭いわけ。
山口　日本企業と外資系企業の違いと同じですよね。
飛鳥　まったく一緒。それで、日本のフリーメーソンにも一人でも欧米人が入っていたらいいんだけど、3人ともガチガチの日本人なんで。
山口　それ、メーソンのスローガンである「自由・平等・友愛」の「自由」に反しますよ。
飛鳥　だから、僕に言わせると日本のフリーメーソンは逆メーソンになったのではないか、と。
山口　なるほど。

飛鳥　坂本龍馬がフリーメーソンだったというのは文書としてはいまだに出てこないんだけど、昔のメーソンは必ずポケットや懐に手を入れて写真に納まるんです。ジョージ・ワシントンは有名な話だけど、それを坂本龍馬もやっている。

で、欧米だとこれを見て、「彼はフリーメーソンの可能性がありますね」とメーソンの人間が言ってくれるわけ。ところが、日本のメーソンに聞くと、「そんな証拠がどこにある」「そんなことがあるわけがない」と紋切り型の回答なんだ。

だから、日本のメーソンはこれからどんどん衰退していくと思う。世界から遅れをとってどうしようもなく低レベルになってしまう。

懐に右手を入れた坂本龍馬（高知県立歴史民俗資料館所蔵）

山口　フリーメーソンまで官僚主義なんですね。
飛鳥　すべての組織はそうなったらおしまい。フリーメーソンって「自由」ということなのに、その自由を最初から切り捨てているんだから。
今の体制では、この国のフリーメーソンは終わりだというのが私の見立てです。

古い世代はオカルトを雑誌で楽しむ、若者はライトな情報をネットで吸い上げる

山口　あのー、僕、ローゼンクロイツ（薔薇十字会）のメンバーと2年ほど前に対談したことがあるんです。『サイゾー』（サイゾー）の紙の雑誌の方で。

で、グランドマスターの人と話をしたら、結構、高齢化が進んでいて会員数も少なくなっているっていうんですよ。それで、会報を見せてもらったら紙媒体で、しかもワープロの延長線のようなデザインなんですね。

そんな風にIT化が遅れているというのと、言っちゃ悪いけれど、古臭い運営形態になっているというのは事実かなと。

メーソンもそうですよね。割とおじいさん方が……後期高齢者が多くなってきている。

飛鳥　そうなんだよね。そうなると、どうしてもいろんな点で組織が硬直化してしまう。
山口　学研の『ムー』も、イベントをやるたびに参加者の高齢化が進んでいると聞いているんですが、どうなんですか？　50代でもそこでは若手で、階段を昇るのがつらい人とか、杖をついている人が珍しくないという状況になっている、と。
飛鳥　そうですね。確かに古老的存在の読者はいますが、少なくとも飛鳥昭雄のファン層は年齢に関係なく数多くいます。特に最近では女性層が多くなっていますよ。
でも、他の先生方の読者層は高齢化が目立っている気がします。
山口　僕が狙っている層というのは20代、30代。さらに、10代から狙っているんですけど、そういう層と『ムー』の読者層との分離が始まっていると思うんです。
メーソンの高齢化とか官僚化と同様に、雑誌でオカルトを楽しむという世代の高齢化と、若者がライトな情報をライトな感覚でネットで吸い上げるという層との二極化が起こっているような気がするんですよね。
飛鳥　以前、『ムー』でイベントがあって、1部、2部、3部と分かれていて、AさんとかNさんとか出ていたんだけど客席は空席が目立った。で、3部が僕だったんだけど、これは超満員だった。
どういうことかというと、持っているファン層が違うんですよ。僕の場合、敏太郎さんのように若い層を持っているんだけど、AさんやNさんのファンというのは中高年世代ばかりなんだよね。若い人を吸収する力がない。
山口　確かにそうなんです。僕のファンに飛鳥先生の名前を出すとみんな知っている。でも、×さんを知らない人は増えてきている。
僕は×さんを師匠と仰いでいたんですが、ちょっと時代が経ってしまったのかなあ、という残念な思いがしますね。
飛鳥　大御所である×さんや△さんは翻訳が中心で自分の説はないからね。前にも話したけど、今はネット時代だから若者はそっちで先に知ってしまう。そうなると主張があるかないかが重要で、それがないとただの情報屋になってしまう。ある意味で気の毒といえば気の毒な気がする。
山口　それもありますね。
飛鳥　『ムー』も今は過去に翻訳した記事の寄せ集めというか……特に昔は12年周期で同じネタが戻ってくる彗星商法が幅を利かせていた気がします。しかし、少なくとも飛鳥昭雄が関与して以降、最先端科学を取り入れた解釈や、同じ繰り返しでもらせん階段のように必ず一段上になっているようになったかと。それでも『ムー』はいつも原稿不足の自転車操業のようで、一発芸のピン作家が現れては消えるだけ……。

山口　新ネタがない。
飛鳥　そうそう。だからM編集長はいつも頭を悩ませている。
山口　僕は中学時代に×さんの本を読んでいて、大学時代は飛鳥先生の本を読んでいたんです。で、×さんの情報というのは、僕らが子どものときに読んでいたものと今でもあまり変わらないんですよね。
で、たまに新しい情報が載っているなと思うと、僕が翻訳してほかの出版社で出したものに文章が近いんです。×さんならそういう訳し方はしない。
僕はパクったヤツが引っかかるように、わざと独自の用語を入れて意訳的に訳すんですが、それをそのままパクっている。つまり、英語をあまり読めないヤツが×さんの下で書いている記事だけが目新しいネタであって、実際に×さんが書いているところは昔の情報のシャッフルでしかないんじゃないかと思ってしまいます。
師匠と仰いできた方たちだからこそ、あえて厳しいことも言いましたが、それだけ応援しているということでもあるんです。どんどん新しいネタもやってほしいですね。

スプリングヒールジャック

オカルト情報メディアはマンネリ化している

山口　僕がこのインターネット時代になって驚いているのは、スプリングヒールジャック（怪人の一種）などのネタが何度も持ち出されることなんです。去年も話題になったのに、また今年も出てくる。新ネタが不足している。
これは、いかに日本のＵＭＡ研究家が翻訳を怠ってきたか、ということなんです。それを、ここしばらく感じているんです。

最近ではシンガポールでビッグフットみたいな類人猿が出現して騒ぎになっていて、英語圏の人はみんな知っている。ところが日本では知られていない。

インドでフォレストマン（ジャングルマンとも）という毛だらけの類人猿が出現したこともそう。何でこれ訳してないの？　というのがたくさんあります。

これは、僕らの世代も含め、オカルト系を扱う作家の怠慢ではないかと、自分の反省も含めてそう思います。昭和の時代に偉大な仕事を残した先輩方がたくさんいるんですけど、そこから停滞していることは批判されてしかるべきですね。

飛鳥　ＵＦＯの矢追純一、ノストラダムスの五島勉、超能力の清田益章。彼らを僕は「昭和三傑」と呼んでいる。

一方、ムー的世界で言うと、南山宏さん、並木伸一郎さん、それから韮澤さんもときどき書いていた。この方々は、どちらかというと海外ネタを持ってきて翻訳するというパターンであって、自分の意見というのはほとんどないんだね。

昔はそれでよかった。『ムー』も昔は「不思議だ〜、不思議だ〜」というだけでよかったんだけど、だんだんそうはいかなくなってきた。

山口　そうですね。

飛鳥　片足で科学か何かをやっておかないと、今の若い人たちはついてこない。

山口　ついてこないですね。
飛鳥　その結果、どうなったかというと、飛鳥情報に近寄らないと若い人たちが受け付けないということになった。これまでの『ムー』は同じネタを十数年周期で使い回していただけだったからね。
山口　ナチスが復活するとか。
飛鳥　そうそう。そういう風に同じことをやっているように見えて、らせん階段を少しずつ上がっていかないといけない。編集もそういう努力はしていると思うんだ。
何とか新しい情報を付け足して補おうとしている。でも、しょせんは補いにしかすぎない。
山口　飛鳥さんは勝海舟的な人だと思うんです。『ムー』側にいながらも『アトランティア』を作ろうとしたりね。で、僕は土佐藩の脱藩浪士を使って幕府を揺さぶっている。
我々、海援隊は勝海舟に使われているとはわかっている。でも、山口敏太郎が上に行けたのは『アトランティア』の話に乗ったから。だから、ちょっと踊らされているところはあるけど乗っちゃえと。
それ以上、もっと傾奇者《かぶきもの》になったらこっちに流れを呼び込めると。そこまで計算して、政治的に全体を俯瞰《ふかん》して見られる若手が欲しいところですね。僕以降、全滅ですからね。
飛鳥　そういえばいないな。パイであるキャパの関係もあるが、田畑が荒れちゃって育たないんだ。
山口　『ムー』はベテランががっちり押さえてるでしょ。あれは、誰かが引退しないと新しい人が入らない。新しい人が出てこないと新しい読者も育ってこない。
それと関係するのか、ライターも細分化してきましたよね。UFOだけの人、UMAだけの人とか。何でももっと多角的に研究しないのかなって思いますけどね。
飛鳥　敏太郎さんは妖怪研究家ではあっても、都市伝説やUMAも扱うし、UFOや心霊等々も扱っているから、僕と同じ多方面、いわば広角打法だよね。そういう人は珍しい。問題は、新人の中に一芸に徹する器を持った人材もいないという点だろう。

「MMRマガジンミステリー調査班」の原作の仕事を蹴った理由

飛鳥　（本を数冊テーブルの上に出す）ところでこれ、『コミックムー』（学研）といって『ムー』のマンガ版なんです。ところが、『ムー』がマンガを出すと大体こける。
というのは、ここの読者は基本的には文字媒体だから、マンガにするとすべてが嘘に見える。

その殻を唯一破ったのが飛鳥昭雄で、たとえば、『ムー』の付録マンガの3分の1以上は写真なんだ。編集長からは「手抜き」と言われるんだけど、それは違う。読者からすれば、付録マンガはミニ『ムー』なんだから、写真があって初めて読者は納得する。
もちろん、これを普通のマンガ雑誌でやると手抜きになる。もしかすると、原稿料をもらえないかもしれないレベル。
唯一の例外は『少年マガジン』（講談社）の「MMRマガジンミステリー調査班」で、あれは僕のシステムをそのまま使ったわけ。
山口　ああ、そうですよね。
飛鳥　それでね、実は「MMR」がスタートする前に、原作をやってくださいという話が僕のところに来ていたんです。
山口　何で断ったんですか？
飛鳥　「申し訳ないけど飛鳥さんの名前は出せない」と言われたから。マンガにも出ていたK氏にそう言われた。それで、それなら僕はできませんという話になった。
山口　僕もこの前、『週刊ヤングジャンプ』（集英社）から電話があって、「妖怪マンガをやるので山口さん原案をやってください」と。でも、名前は出せないと言うんですよね。
なぜ、名前を出せないのか理解できない。元公安のK・Kさんも「『俺の空』の元ネタは俺だ」って言ってますが、それは公にはされていない。
飛鳥　マンガ界にはそういうところがある。ある種の面子があって、「これはすべて編集部の手によるものです」としておきたい。外から助けを得たと思われたくないんです。マンガ界の古いしきたりというかね。
山口　でも、ネタだけあげて影武者をやって……ってね。若手のライターじゃないんだから。
飛鳥　そこなんだよ。僕もちゃんと一枚看板を持っていたんで、ちょっとそれは勘弁してくれという話で、ＭＭＲの件からは身を引いたわけ。

『ムー』別冊の『コミックムー』。同じく『ムー』別冊で『マンガムー』が作られたこともある。

この業界の活性化のため、超大物を抱き込んで新しいオカルト雑誌を！

飛鳥　そろそろ、この業界を活性化するために、新しいオカルト雑誌が出てほしいところだけど、雑誌はなかなか大変だよね、こういう書籍と違って大変な手間と時間がかかるから。
山口　何十人も関わるからお金も必要。だから、もし改めてやるんだったら角川春樹さんぐらいの人が音頭をとるしかないですよね。
飛鳥　今でも彼にパワーがあればねー。過去に『ボーダーランド』もやってたことだし。
でも、あの『ボーダーランド』も、廃刊する前は毎号ごとに100円ずつ値段が上がっていってね。
山口　そうでしたっけ？
飛鳥　最後は結構値段が上がっていて、「あー、そろそろ空中分解かな」って思った。
山口　もしやるんであれば、どこかが角川さんを抱き込んでやるか、あるいは、ウチもだいぶ力がついてきたんで、1000部売り切りのミニコミ誌的な形でやるか、ですよね。それしか生き残れないんじゃないかと思います。
飛鳥　電子出版という手もあるけど、「デジタルコンテンツは無料」という風潮がまだまだ強いからね、日本では。
山口　読者はタダで当たり前だと思ってますからね。
飛鳥　だから、極端なことを言うと10円でも買わない。
山口　僕もブログで有料メルマガの宣伝をすると学生から怒られるんです。「なんで有料なんですか！」って。なんで怒られなきゃいけないのか、という話なんですけど。
飛鳥　だいぶ変わりつつはあるけど、まだまだネットは無料が当たり前。
山口　そうなんですよ。アプリは結構、お金を生むようになってきてるんですけど。
飛鳥　でも、１００円、２００円という世界なんだよね。
山口　ちなみに、僕は有料メルマガを７７７円でやってるんです。
飛鳥　すごいなー。
山口　強気でやってるんです。でも、フルフォードさんは８８８円でしょう。
飛鳥　僕は３０００円。
山口　あ、そうなんですか。すごいなー。
飛鳥　50ページのオールカラー漫画だから。付録漫画のカラー版ということ。だから配信ではなくダウンロードだよ。
山口　オールカラーだとそれくらいの価値はありますよね。

飛鳥　カッコよく言わせてもらえば、フェラーリを市販車価格で売る気はないということ。一般層には「月刊飛鳥」の３００円ダウンロード版があるけど、低価格さえ買わない人もいるからね。
よほどネット＝無料という人が多いんだろうね。作る方は大変なんだけどわかってもらえない。

この業界で生き抜くにはネットを中心としたメディアミックスが必要

山口　ネットといえば、僕が日通にいたとき、アップル社の担当だったから、ネットユーザーが数百人しかいないころからネットには触れているんです。だから、ネットビジネスにはすごく長けているつもりです。
楽天やヤフーと日通が業務提携したときにも、すべて僕が係長の名刺でやったんですけど、やりすぎちゃって結局、左遷されちゃって。
飛鳥　あーそうなんだ！　ひどいね。
山口　仕事ができすぎて怖い、何するかわからないから左遷するということなんです。だって、係長の肩書きで三木谷さんのところに行っちゃうわけですから……。そこで、僕をかわいがってくれた役員が左遷されたと同時に僕も飛ばされたんですよね。

で、会社を辞めて作家専業になったのが39歳。それで、そういう経験からネットの世界をずっと見てきたうえで、最終的には「消費者直結」なのかなと思うんです。そこで、消費者から小銭を直接取れる仕組みを作れ、と社員には話をしています。

飛鳥　なるほど、それは理にかなってるよ。

山口　そういうことで、電子出版とかアプリなどネットビジネスの分野で社員に飯を食わせられるようになってきたので、これからはさらにアプリの方を強化して、メルマガの部数増加作戦を中心に動いていこうかなと。

それからタレント養成ですね。ちょうど今から70～80年ぐらい前に吉本興行が「笑いだけでいく」と宣言したんですけど、ウチは笑いじゃなくて「恐怖だけでいく」と。「魔界の吉本を目指す」と宣言しているんです。

実際、地上波に出られるタレントも少しずつ増えてきています。それで、今後はタレント養成の方も始めようかなと思っています。

それから、その一方で、僕がプロデュースした「山口敏太郎の妖怪博物館」を、お台場のデックス東京ビーチにオープンさせたりもしている。

飛鳥　まさにメディアミックスだ。

一方で、『ムー』はネットをまったく生かしてないんだよね。売れ線のはずのNPA（ネオ・パラダイムASKA）でさえ、絶版本を未だに電子本化しないんだから。

それは電子出版部でムー編集部と違うといえばそうだけど、大手出版社は総じて動きが鈍い。つまり融通がきかないんだ。外国勢が押し寄せたら、一発でやられちゃうだろうね。

もともと、ムー編集部はメディアミックスが大の苦手だったからね。だから、今は実はチャンスなんだよ。ネットを牛耳ったら勝つからね。

大手はネットがまだ未開拓ということで動かない。その間に、後から進出してくるはずの大手に奪われない良質の領地を確保しておくことが大事だね。

山口　そうですよね。情報を制するものは戦に勝つ。

飛鳥　インターネットをなめたら、長期政権だったエジプトみたいにつぶれちゃうよ。

狙うはオカルト業界と妖怪業界の天下布武だ！

山口　ネットユーザーの感覚って、僕らが若いころに飛鳥先生の本を読んだときの感覚とは違うと思うんです。だから、彼らの精神構造は読みづらい。今の若い連中は何を求めているのか本当にわからない。

僕はツイッターで12万人のフォロワーを抱えているんですけど、ネットの怖さを思い知ったのは、僕がツイッターでつぶやくと、レギュラーで出演している『おはスタ』の視聴率が0・2パーセント動くということなんです。

有吉（弘行）さんもネットでつぶやくと視聴率が動くんですって。つまり、ネットはTVの視聴率まで動かすようになってきた。有吉さんの番組も人気があるというのは、彼が自分の活動をつぶやくと、フォロワーがその番組を見ちゃうということなんですよね。

飛鳥　一昔前は2ちゃんねるだった。TV局の人間はみんな2ちゃんねるを気にしていて、そこで盛り上がっていると、「おー、きたきたー」って喜んでいた。

ところが、今は2ちゃんねるじゃなくてツイッターやフェイスブック。時代が変わったね。流れが速い速い。

だから、敏太郎さんがやっているネットとTVという組み合わせはおもしろいなーと思う。『ムー』と対極だという意味でね。

山口　まあ、そうしないと飯が食えない現実があって、必然的にそうなったんですけど、結果的には事務所が株式会社となり、今では社員が6名、バイトが3人。それから、契約ライターが60人くらいという規模になりました。
それから、芸能部が22人と、やっと一大勢力になってきたんで、そろそろオカルト業界と妖怪業界の天下布武《ふぶ》を狙えるかな、と。
飛鳥　おお〜っ（笑）。
山口　京極さんは水木しげる先生の三番弟子にあたるので、そのうち、京極派と山口派で妖怪大戦争が起こるでしょうね。そして、桶狭間《おけはざま》では『ムー』の首を討ち取る、と。
飛鳥　過激だねー（笑）。でもそれぐらいの意気込みでなくちゃ敏太郎さんらしくないか。その調子でオカルト業界をかき回して、おもしろくしてほしいね！
どんな世界でもそうだけど、唯我独尊は高慢に陥るし、独裁は道を誤り、独占は自分をむしばむ元凶になる。だから切磋琢磨できる勢力との共存が正しいのだと思う。
山口　ええ、期待してください。

エピローグ
これから日本を待ち受ける「ヤバい未来」

日本は「ジャパニメーション」で他国からの侵略を未然に防げる

山口　これからの日本人に必要なのは、**情報リテラシー能力を高めること**だと思うんです。つまり、リテラシー能力を向上させて、偽の情報と本当の情報を見極める。
我々が考えているほど、欧米人というのは友好的な存在ではなく、隙《すき》あらば斬りかかってくるような人が多い。でも、そうやって彼らは発展してきたわけですから、むしろ日本人のようなお人よしぶりは付け入られる穴となる。そういう危惧《きぐ》がありますね。
それから**日本文化の独自性を保つこと**。
よく、神道の世界で「神一厘《りん》の仕組みで日本は勝つ」といわれますが、物理的にやったら負けるのは目に見えている。だから、神一厘の仕組みを発動させるには、もう少し日本の霊的な結界を大切にするとか、日本文化を守るとか、そういうことが必要だと思うんです。

日本文化というのは伝統的なものに限らず、たとえば、中国を崩壊させるには日本のアニメで攻撃すればいいと考えているんです。アメリカだって、日本の「ジャパニメーション」とか日本文化を好きになれば何かが変わる。

だって、映画『硫黄島からの手紙』の撮影で訪日したクリント・イーストウッドも、日本にいるうちに日本が好きになったでしょう?

カナダ出身のベンジャミン・フルフォードさんも最初は少し差別的な意識を持っていたらしいけど、日本が好きになった。ここがネックだと思うんです。日本に住んでいると日本を好きになってくれますからね。

飛鳥　日本を嫌いだった人ほど、それが反転すると日本を大好きになる。

山口　中国人もアメリカ人も虎視眈々《こしたんたん》と日本の利権とかいろんなものを狙ってますけど、**そいつらを、それこそ日本のファンにしていけばいい。**そして、カナダ系日本人とか、アメリカ系日本人がいてもいいと思うんです。

ほかの民族であっても、「和をもって尊しとなす」という概念に賛同してもらえるなら、日本人として受け入れてもいいんじゃないかと。

欧米的な「食料を奪うために殺す」という考え方じゃなくて、食料不足ならそれをどう増産しようかとか、ほかの星に移民を送り込もうかとか、日本人ならそう考える。**その日本的な考え方とか文化を武器に戦っていくといい。**

そして、気がついたころには、アメリカ軍の大部分が日本のアニメのファンになっていて、日本を攻めることができないとかね。それこそ、「抱き参らせる」という話なんです。

TPPを逆手にとり、日本独自のもので勝負せよ

山口　そういうこともあって、TPPもここまできたら受けて立つべきだと思いますよ。どうせ断れないなら、日本文化を広めるきっかけにすればいい。
飛鳥　TPPは作家にとってはすごくいい。印税がケタ違いに高くなるから（笑）。
特に電子出版界は如実だ。日本の出版社が印税を低率に抑えて上げてくれないなら、アメリカの出版社から出せばいいということになる。
山口　僕らフリーランスですから、「じゃあ、こっちから出します」となりますよね。
飛鳥　（同席の編集者へ向き）ちょっと今、ビクビクしてるでしょ（笑）。そのときは編集者も外資系の出版社へ転職すればいいわけ。

山口　外資に乗っ取られるという話がありますけど、それは既得権益を持つ業界ほど嫌がっているわけで、僕は農業分野でもその気になれば日本は勝てると思いますよ。
飛鳥　勝てる、勝てる。牛だって和牛が一番うまいんだから。
前の東京オリンピックのときは、日本の粗悪な食べ物を選手に食べさせられないということで、どの国も自前のコックを連れてきた。それが今はどう？　評価が180度変わってしまった。
山口　日本食はヘルシーで飾りつけが美しい、と世界中で高い評価を得てますからね。
飛鳥　お弁当だって、外国人の目には信じられないくらいかわいらしく映る。第一、中が区分けされた弁当箱を斬新という。フルコースが箱に収まっているという感覚なんだね。
山口　キャラ弁なんて日本文化の精髄といっていい。
だから、本気で戦えば日本は絶対に勝てる。アニメだってマンガだって日本は勝てる。アイドルだって……うちの事務所のアイドルの女の子をわざわざヨーロッパから見にくる人がいるくらいなんですよ。
だから、僕たちはTPPから逃げるんじゃなくて、戦う準備をしないとダメですね。
飛鳥　逆手《さかて》にとって利用すればいい。
山口　笑い話ですが、**アメリカが日本を合併した場合、４人に１人が日本人になって、アメリ**

力の要職は日本人が占めるだろうという話がありますよね。
飛鳥　その場合、大統領が日本人になっちゃう。
山口　飲み込んだつもりが飲み込まれる、と。

フリーズドライ食品の備蓄が最大の投機となる

飛鳥　ただ、そうなっていくには、今後予想される食糧危機を日本が生き残らないといけない。そこで、どうするか？
アマノフーズ（天野実業）という会社があるんです。東京駅の丸の内南口のＪＰタワーにアンテナショップがあるんだけど、そこで扱っているのがフリーズドライの食品。
１００種類ぐらいあって、ほとんどは和食。それが、お湯やお水で戻して食べられる。
山口　独居老人などにもいいですよね。
飛鳥　で、何を言いたいかというと、それが1つ１００〜２００円程度なんだよね。だから、箱買いしてもそう高くなく、これが最大の投資、または投機になる。
下手な株よりもよほど儲かる。なぜなら、これから食糧難の時代になるから。

チャールズ・ボールデンNASA長官

事実、国連の機関が、「2015年から世界的に食糧危機の時代に突入する」と言ってるんだよ。で、1年半ほど前かな、NASAの長官が「1年分の食糧を備蓄せよ‼」と職員に通達まで出している。

山口　チャールズ・ボールデン長官の発言ですよね。

飛鳥　それで、前の世界大恐慌のときに物流で一番動いたのは食糧と金《ゴールド》なんです。つまり、大激変のときは、この2つしか価値あるものとして通用しない。

だから、食糧を持つものは強い。金《ゴールド》を持っている人も強い。

でも、金《ゴールド》は値段が上がりすぎて、これから一般の人が持つのは無理だから、食糧を備蓄するといい。

アマノフーズなら安い。1日2食で腹7分目とすれば、真空米を加えても1日400〜500円で済むから、1年分集めてもたいした金額にはならない。スペース的にも4畳半の3分の1強ほどの場所があれば、そこに1年間の1人分が収まる計算になる。

そして、もしこれを余分に持っていたら、残った分で物々交換ができるんです。

山口　高く売れますよね。

飛鳥　ハイパーインフレになったときはドイツがすごいことになったでしょ。リヤカーに満載した札束でコーヒー1杯ですよ。

ということは、180円のフリーズドライが下手すると何千、何万倍の金額になる。だから、これは最大の投資なんです。

ダイヤモンドやルビーもゴミ同然になるから、それとフリーズドライを交換して、そして経済が元に戻ったときにそれらの宝石を売ればいい。一度で二度美味しいってやつ。

山口　ある意味、ビジネスチャンスでもある。

飛鳥　最大のビジネスチャンスなんだ。これができる人は幸いだけど、やってない人は餓死する。これが日月神示の予言する最大の悲劇なんです。

もうすぐ日本で数千万規模の餓死者が出る

山口　日月神示にある「大峠《おおとうげ》」というのは何かという議論があるんですけど、戦争よりも一番怖いのは経済破綻ですよね。世界が大恐慌になった時点が人類の本当のピンチじゃないかと思います。
飛鳥　その意味で中国はアウト。明日崩壊してもおかしくない、というかもう崩壊している。
中国共産党が数字をごまかしているだけで、リーマンショックよりもすごい規模になる。土地バブルはすでに崩壊しているし。中国はすでにデフォルトしている。
山口　こうなったら、ラストマン・スタンディングで中国もアメリカも崩壊して、最後に残っているのは日本だけ、ということになるかもしれない。
飛鳥　しかし、アメリカの国債を大量に保有している日本は共倒れになるよ。
山口　ケンカ上等で、米国債をある程度売るわけにはいかないですか?
飛鳥　3・11のとき、それをやる最大のチャンスだった。しかし、アメリカが売るな、と。
山口　ヒラリー・クリントンが脅迫してきた。
飛鳥　ああいうときでさえアメリカは売らせない。

そして、日本の借金は1000兆に達しようとしていて、大恐慌への準備もできていない。このタイミングでドンとくると、日本はアフリカのナミビア以下の経済状況になる。そういう予測がアメリカによって立てられているわけ。

そのとき、国民の年収は数十万円になって、ほとんどの人が食えなくなり、数千万人規模で餓死者が出る。つまり、日月神示そのままになっちゃう。

年金が完全崩壊するから、老人層は真っ先に餓死することになる。

山口　その通りになりますよね。

飛鳥　しかし、今なら数十万の投資で1年分の食糧を備蓄できる。ちょうど、このタイミングでアマノフーズのショールームが突然できた。これまでは下請けしかやってなかったんだけど、突然、小売りを始めた。

この会社は日本の救世主になる可能性があるんだけど、それはあくまでも今だけ。食糧危機になるとこの会社ですら倒れる。原材料が高騰するからやっていけない。

だから、今のうちに、ここの商品を備蓄しているかしていないかで、明暗が分かれることになる。

じゃあ、**食糧危機になるとどうなるか？　まず、アメリカは小麦を輸出しなくなる。**自国を守らないといけないからね。

日本は「いざとなったらアメリカ様が助けてくれる」と思ってるけど、そんなことはない。中国もロシアもオーストラリアも輸出してくれない。

で、日本はお米だけは何とかなると思ってるけど、異常気象でやられる可能性もあるし、西日本でも原発に何かがあると放射能米しかなくなる。

東日本大震災の後も、放射能米の代わりに中国の化学物質米が輸入されたりして、そこへアメリカが「カリフォルニア米が一番安全ですよ」と売り込んできたでしょう？

山口　そうやって、日本の富がさんざん簒奪《さんだつ》されてしまう。

太平洋戦争は「真の勝利の日」のために負けた

飛鳥　２０２０年のオリンピックが日本に決まったのだって、ＴＰＰが締結された後なら、日本が得るはずのメリットをアメリカが根こそぎ持っていけるからなんだ。いろんなアメリカ企業が入ってくるし、労働者も入ってくる。
おいしいところは全部アメリカが持っていっちゃう。**それがオリンピック開催が東京に決まった理由なんです。**

山口　スポーツでも白人が有利になるようにルールを決めますからね。
飛鳥　日本人が金メダルを独占したら、すぐルールを変える。中国や韓国が金メダルを独占しても、その競技のルールを変えることだけは絶対にない。
これはいかに日本人が欧米の言いなりになって、自粛するしか能がない民族ということを連中に見抜かれている証拠とも言える。だから連中は平気で同じことを何度もやってくる。どうせ文句も言えない民族とわかっているからだ。
山口　それも含めてスポーツだと思っているらしくて、彼らはそれが悪いことだとは考えていない。
飛鳥　全然、思っていない。
山口　僕らは「それは卑怯《ひきょう》だな」と思うけど、

その交渉ごとも含めてスポーツだと。
飛鳥　特にロサンゼルスオリンピックからそう変わった。明らかにオリンピックは商売になった。もう、近代オリンピックの父・クーベルタン男爵の思いなんか、どこかへ吹っ飛んじゃった。
山口　人類平和というより、お金儲け。
飛鳥　お金儲けの祭典だよね。
山口　まあ、そういったいろいろがあって、この時代に生まれたことを不幸に思っている人も多いと思うんですけど、僕なんかはむしろ素敵な時代に生まれたと思っているんです。
　少なくとも今は、ある程度まで発言権を与えられている立場なので、ここで述べてきたようなことをいろんな人に訴えて、神一厘で勝つ方法を考えていきたいと思いますね。
飛鳥　そうだね、ある意味ではおもしろい時代だ。
山口　その意味で、太平洋戦争も負けるべくして負けたんじゃないかと思うんです。真の勝利の日のために負けたんだ、と。
　最近では、保守的な人たちを「ネトウヨ」とかいって攻撃する潮流があるんですけど、僕は胸を張って保守だと言っていい気がするんですよ。ただ、**保守だと言う以上は日本の文化だとか伝統を大切にして、日本人として誇れる人格者にならないといけない。**
　同時に、国際的な場においては、欧米人の感覚を見抜いて、そのルールのもとに彼らと丁々発止のやり取りができるぐらいの感覚を持たないといけない。

グローバリストVS愛国主義者との戦いは今後も続いていくと思うんです。ただ、**日本人的なものを突き詰めていったら、金中心のグローバリズムじゃなく、本当の意味での世界平和につながると思うんです。**

飛鳥　国旗を見れば一番よくわかる。日本は太陽。アメリカは星をいっぱい集めているだけ。それからイスラムは月。つまり、**日本は太陽系の一番中核にある**ということです。

だけど、それを日本人自身がまったくわかっていないし、本当の能力を発揮していない。いまだ眠りの中にある。

それを目覚めさせるのが、2013年に重なった伊勢神宮と出雲大社の式年遷宮なんです。

つまり、これから日本人が目覚める。

そこのところを指摘して世に知らしめるのが、僕や敏太郎さんの役目だと思うんだよね。

山口　そうですね。お互い自分のフィールドでやれることをやっていきましょう。

今日は楽しい対談でした。ありがとうございました。

飛鳥　こちらこそ楽しかった。またお会いしましょう。


（本対談は第1回を2013年11月に東京・新宿で、第2回を2014年2月に東京・港区の「山口敏太郎の妖怪博物館」で行った）

著者プロフィール

飛鳥 昭雄（あすか あきお）

1950年大阪府藤井寺市生まれ。

漫画家であり、サイエンス・エンターテイナーとしても、出版、TV、ラジオ、ネット、ソーシャルネットワークで活躍するほか、TVゲームやオンラインゲーム、小説（別名）にも携わっている。

現在までミステリーを記した書物は100冊を超え、主に学研の『ムー』を中心に、「ネオパラダイムASKAシリーズ」（学研・共著）、「超知シリーズ」（徳間書店）、「飛鳥昭雄ミステリー大全シリーズ」（工学社）、「超☆はらはらシリーズ」（ヒカルランド）などがある。共著に『ユダヤと天皇家の極秘情報と闇の権力』『公安情報から読み解くユダヤと天皇家の極秘情報』（文芸社）ほか。「緊急検証！」シリーズ（CSファミリー劇場／不定期放送）にレギュラー出演！

http://akio-aska.com/

山口 敏太郎（やまぐち びんたろう）

作家・漫画原作者、編集プロ、芸能プロである㈱山口敏太郎タートルカンパニー代表取締役。お台場にて「山口敏太郎の妖怪博物館」を運営中。また町おこしとして「岐阜柳ケ瀬お化け屋敷・恐怖の細道」「阿波幻獣屋敷」のプロデュースも行っている。

レギュラー番組は、テレビ東京「おはスタ645」、読売テレビ「上沼・高田のクギズケ」、広島ホームテレビ「アグレッシブですけど、何か」、テレビ朝日「ビートたけしの超常現象（秘）Xファイル」、ポッドキャスト「山口敏太郎の日本大好き」。そのほか、「緊急検証！」シリーズ（CSファミリー劇場／不定期放送）にレギュラー出演中。テレビ・ラジオ出演歴は300本を超える。

主な著作は『霊怪スポット』（KAWADE夢文庫）、『オカルト博士の妖怪ファイル』（朝日新聞出版）、『マンガ・アニメ都市伝説』（KKベストセラーズ）、『学校裏怪談』（マガジンランド）、『本当にいる日本の「未知生物」案内』（笠倉出版社）など120冊を超える。

山口敏太郎のヤバイ裏メルマガ「サイバーアトランティア」
http://foomii.com/00015
山口敏太郎ちゃんねる（無料）で情報配信中。
https://www.youtube.com/user/tortoisecompany

タブーに挑む！
テレビで話せなかった激ヤバ情報暴露します

八咫烏・裏天皇情報から危険すぎるUMAの正体まで

2014年6月5日　初版第1刷発行
2016年1月25日　初版第4刷発行

著　者　飛鳥 昭雄／山口 敏太郎
発行者　瓜谷 綱延
発行所　株式会社文芸社
〒160-0022　東京都新宿区新宿1－10－1
電話　03-5369-3060（編集）
03-5369-2299（販売）

印刷所　日経印刷株式会社

ISBN978-4-286-15217-2